기독교학교와
교회

기독교학교와 교회

초판 1쇄 찍은 날 · 2013년 11월 11일 | **초판 1쇄 펴낸 날** · 2013년 11월 15일
지은이 · 양금희 · 강영택 · 박상진 · 홍창남 · 이종철 | **펴낸이** · 김승태

등록번호 · 제2-1349호(1992. 3. 31) | **펴낸 곳** · 예영커뮤니케이션

주소 · (136-825) 서울시 성북구 성북1동 179-56 | **홈페이지** www.jeyoung.com
출판사업부 · T. (02)766-8931 F. (02)766-8934 e-mail: jeyoungedit@chol.com
출판유통사업부 · T. (02)766-7912 F. (02)766-8934 e-mail: jeyoung@chol.com

Copyright ⓒ 2013. 양금희 외 4명
ISBN 978-89-8350-871-3 (04230)
       978-89-8350-572-9 (세트)

값 10,000원

이 도서의 국립중앙도서관 출판시도서목록(CIP)은 서지정보유통지원시스템 홈페이지(http://seoji.nl.go.kr)와 국가자료공동목록시스템(http://www.nl.go.kr/kolisnet)에서 이용하실 수 있습니다.
(CIP제어번호: CIP2013023134)

기독교학교와 교회

양금희 · 강영택 · 박상진 · 홍창남 · 이종철 지음

예영커뮤니케이션

서 문

　기독교학교와 교회는 어떤 관계인가? 우리나라의 경우 기독교학교와 교회
는 뗄 수 없는 관계이다. 이 땅에 복음을 전하기 위해 온 선교사들이 기독교학
교를 설립한 것은 선교사 개인의 과업이었다기보다는 선교부와 선교를 지원한
교회의 과업이었다고 할 수 있다. 그 이후 한국교회가 직접 수많은 기독교학교
를 설립하였고, 오늘날에도 많은 교회들이 기독교대안학교의 형태로 기독교학
교를 설립하고 있다.

　교회와 기독교학교의 관계는 설립에만 국한되지 않는다. 많은 경우, 교회
가 기독교학교의 강당을 예배 장소로 사용하고 있으며, 교목을 파송하기도 하
고, 학생들에게 장학금을 지급하기도 한다. 기독교학교와 교회는 서로를 도우
며 상호 신뢰 관계를 맺어오고 있다.

　그러나 기독교학교와 교회의 관계가 항상 긍정적인 것만은 아니다. 교회가
기독교학교를 설립하고 운영하는 경우, 교회가 기독교학교에 어떤 영향력을 끼
치느냐에 따라 다양한 반응이 나타날 수 있다. 교회가 기독교학교의 교육적 자
율성을 존중하지 않고 지나치게 간섭하거나 지배력을 강화하기만 할 경우, 갈
등이 유발될 수도 있다. 반대로 기독교학교가 교육기관으로서의 독립성과 자율
성을 강조한 나머지 교회와의 관계를 멀리할 경우, 교회가 기독교학교를 설립
할 당시의 건학 이념이 희석될 가능성이 있고, 기독교학교가 그 정체성을 상실
할 수도 있다. 이런 점에서 기독교학교와 교회, 교회와 기독교학교의 관계를 올

바로 정립하는 것은 기독교학교와 교회가 건강하게 성숙해 가기 위한 중요한 과제라고 할 수 있다.

이 책의 목적은 기독교학교와 교회의 바람직한 관계를 다양한 측면에서 심도 있게 고찰함으로써 오늘날 어떤 형태로든 서로 관계를 맺고 있는 기독교학교와 교회 모두가 한 단계 더 성숙한 연계가 가능하도록 돕기 위한 것이다. 이를 위해 먼저 신학적으로 기독교학교와 교회가 어떤 관계인지를 종교개혁가들의 신학사상에 근거하여 살펴보았다. 그리고 해외의 사례(미국 기독교학교를 중심으로)를 분석하여 기독교학교와 교회의 관계를 파악해 보았다. 또한 우리나라에서의 교회와 학교의 연계 현황을 설문조사를 통해 분석하고, 이에 근거한 과제를 제시하였다. 마지막으로는 기독교학교의 조직과 경영에 있어서 교회의 역할이 무엇인지를 살펴보았다. 이 네 가지 주제는 기독교학교와 교회의 관계를 파악하는 네 가지 접근방식이라고 할 수 있다.

귀한 원고를 집필해 주신 모든 분들께 감사를 드리고 수고해 주신 연구원들에게도 고마운 마음을 전한다. 늘 기독교학교교육 분야의 귀한 책을 성의껏 출판해 주시는 예영커뮤니케이션의 김승태 사장님과 직원 여러분께도 감사를 드린다. 이 책이 기독교학교와 교회가 보다 바람직한 관계를 맺는 데 꼭 필요한 노움의 손길이 되기를 기내한다.

집필진을 대표해서
2013년 10월 기독교학교교육연구소 소장 박 상 진

목 차

1장

종교개혁기의 학교와 국가 그리고 교회의 관계

양금희 | 장로회신학대학교 교수

종교개혁기의 학교와 국가 그리고 교회의 관계[1]

I. 들어가는 말

유럽의 종교개혁기는 학교와 국가 그리고 교회 간의 새로운 관계가 형성되었던 시기였다. 종교개혁과 더불어 봉건영주의 종교 선택에 의해 한 지역의 종교-구교인지 개신교인지-가 결정되는 대격변이 일어났으며, 그에 따라 각 구역에 속한 학교들의 개폐 및 종교적 방향이 전반적으로 재조정되었기 때문이다. 뿐만 아니라 중세 때의 학교가 주로 성직자 후보생이나 소수의 귀족을 위해 존립했던 것에 반해, 종교개혁기는 모든 시민들이 학교교육의 대상이 되어야 한다는 교육 이념적 변화가 사회적으로 확산되었던 시대였다. 물론 이러한 현상은 당시 유럽에 널리 퍼져 있었던 인문주의의 영향 및 중세 말의 도시 발달과 시민층의 확산이라고 하는 다양한 사회적 변수와 맞물려서 일어났다. 따라서 교회와 국가 그리고 학교 간의 새롭게 형성된 관계가 반드시 종교개혁으로 인해 파생된 결과라고 하기는 어렵다.

그러나 그럼에도 불구하고 종교개혁은 이 새로운 관계에 결정적 역할을 하

---

1) 이 글은 『장신논단』 제44집(2012)에 실린 논문을 일부 수정·보완한 것임.

였다. 종교개혁가들은 당시 교회와 국가(시)에게 학교 설립 및 운영의 방안을 제시하고, 실제로 학교의 운영에 직·간접적으로 참여하면서 학교가 국가 및 교회와 어떠한 관계를 맺어야 하는가에 대한 새로운 모델을 제시하였다. 이들의 입장은 개신교의 학교와 교회 그리고 국가 간의 관계에 대한 원형적 모델로서의 의미를 갖기도 하지만, 실제로 서구사회에서 근대 전체를 거쳐 길게는 현대의 초입에 이르기까지 학교와 국가 그리고 교회의 관계 형성에 영향을 미쳐 왔다.

그런데 종교개혁가들에게서 나타나는 학교와 교회 그리고 국가 간의 관계를 탐색하려는 사람은 곧 그것이 '교회와 국가'의 관계에 대한 종교개혁가들의 생각과 뗄 수 없이 연결되어 있다는 사실을 발견하게 된다. 종교개혁가들에게 있어서 학교는 그 어떤 것보다 '교회와 국가'의 관계 사이에 놓여 있던 문제였기 때문이다. 따라서 본 연구는 종교개혁가들에게서 나타나는 교회와 국가의 관계를 살펴보고, 이를 바탕으로 이들이 어떻게 '교회와 국가 그리고 학교'와의 관계를 모색하고 형성하여 갔는지를 살펴보고자 한다.

II. 중세의 교육제도에 나타난 학교, 교회 그리고 국가의 관계

종교개혁기 이전, 즉 중세 유럽의 학교는 모두 교회에 의해 세워지고 운영되었던 학교였다. '수도원 학교(Klöster schule)'나 '대성당 학교(Dom schule)', '대주교 학교(Kathedrale Schule)'와 같은 당시의 학교 형태들은 이미 그 이름에서 나타나는 바와 같이 교회나 성당, 혹은 교구가 학교를 세우고 관할하고 있었으며, 이 학교들의 일차적 존립 목적은 성직자를 양성하는 데 있었다(Helmreich, 1996, 16). 수도원 학교가 좀더 폐쇄된 환경 가운데에서 수도사를 양성하는 것에 목적을 두었다면, 대성당 학교 혹은 대주교 학교는 성직자뿐만 아니라 일반인을 수용하던 학교였다.

기록에 남아 있는 '수도원 학교'의 예로 8세기에 보니파치우스(Bonifatius)가 독일에 세운(754년) 베네딕트수도회의 학교를 들 수 있는데, 그는 이 학교 설립의 취지를 "어린 소년들을 어릴 때부터 수도사로 양육하기 위함에 있다."고 밝히고 있다. 소위 어릴 때 하나님 앞에 바쳐진 소년(pueri oblati)을 양성하는 것이 당시 수도원 학교의 일차적 목적이었다는 것이다(Helmreich, 1996, 17). 반면 돔 학교나 카테드럴 학교는 보통 대도시 한가운데에 위치하였다는 특성상 세상에 대해 보다 개방적이었다. 물론 이 학교들은 성직자 희망생을 교육하는 것을 목적으로 설립되었지만, 당시 글이나 학문을 배울 수 있는 다른 학교가 없었기 때문에 지역의 귀족이나 학자 지망생, 세속적 지도자들에게도 점차 개방되었다.

이러한 현상이 확대되자 칼 대제(Karl der Große)는 789년의 칙령에서 모든 수도원이나 대성당, 대교구들은 반드시 학교를 세울 것과 그곳에 성직자 희망생뿐 아니라 일반 학생들도 수용하여 교육할 것을 명하였다: "모든 수도원이나 대성당은 그 자체로 학교가 되어 소년들이 시편과 성경언어, 찬송, 교회력 셈하기와 문법을 배울 수 있도록 하여야 한다(Garin, 1964, 8f)."

이 같은 시대적 상황에 따라 이 학교들은 소위 "내부학교(Innere Schule)"와 "외부학교(Externe Schule)"로 나뉘어서, 내부학교는 수도승을 위하여, 외부학교는 수도승이 아닌 귀족이나 일반학자를 위하여 개방되기도 하였다.

그러나 교회가 주체가 되는 학교들만으로는 중세 말의 활발한 도시 발달로 인해 커져가는 시민들의 교육에 대한 욕구를 다 채울 수 없게 되었고, 급기야 그와 같은 수요에 부응하기 위하여 도시들이 학교를 세우기 시작하였다 (Helmreich, 1996, 21). 그러나 당시 사회에서 학교를 설립하고 운영하는 권한은 교회에만 있었고, 또한 도시들이나 봉건영주가 학교를 세울 경우 교회가 주체가 되는 학교에 재정적 타격을 줄 수도 있었기 때문에 봉건영주와 교회 사이에는 학교를 설립하는 문제로 격렬한 갈등과 논쟁이 빈번하게 일어나기도 하였다는 기록이 있다. 급기야 교회와 국가(도시국가, 봉건영주) 사이에 일종의 타협이 이루어졌는데, 영주나 시장은 학교를 세우기 위해서 반드시 비숍(bishop, 주교)과 교회의 허락을 받도록 함으로써 학교를 세울 수 있는 교회의 독점권을 인정하면서도, 시(국가)가 학교를 세우고, 그와 나란히 시에서는 교회에 재정적 지원과 학교감독권을 유지하도록 하였다(Helmreich, 1996). 이렇게 해서 출현하게 된 세속적 학교가 라틴어 학교(Latein-schule)와 문법 학교(Gramma-schule) 그리고 독일어 학교(Deutsche-schule)이다(Stoodt, 1985). 라틴어 학교와 문법 학교에서는 수도원 학교나 대성당 학교와 큰 차이 없이, 라틴어와 성경, 그리고 소위 칠 자유과(septem artis liberalis)를 중심으로 하는 교육내용이 가르쳐졌고, '독일어 학교'에서는 라틴어 학교의 하위 단계, 즉 오늘날로 하면 초등교육 수준의 학교로서 모국어 읽기와 쓰기 등이 가르쳐졌다.

중세의 교육제도에서 주목해야 할 또 하나의 학교 형태는 중세 말기, 즉 13세기에 최초로 출현한 대학(Universität)이다. 대학의 출현은 '학교의 주체'라고 하는 측면에서 볼 때 하나의 새로운 사건이었다고 할 수 있다. 교회나 국가(도시)가 주축이 된 것이 아닌, 교사, 혹은 학생이 모인 조합(길드)의 형태로 시작되었기 때문이다(Petry, 1986, 1166). 대학은 교사(magistor)나 학생(scholar)들이 자발적으로 모여 이룬 일종의 독자적 조합으로 행정적·정치적·재정적 독립을 이룬 단체였다. 대학이 출현하여 유럽 전역으로 확산되면서 중세 초기에 수도원 학교나 대성당 학교에서 했던 고등교육의 기능이 대학으로 이양되고, 수도원 학교는 쇠퇴의 길로 들어서게 되거나 대학이라는 고등교육기관으로 가기 위한 준비기관으로서의 성격을 띠게 되었다.

종합적으로 보았을 때, 유럽 중세의 학교는 일차적으로 교회에 설립권과 감독권이 있었다고 할 수 있다. 학교의 일차적 존립 목적은 교회의 지도자 양성 이었고, 귀족이나 세속의 지도자들 같은 특별한 계층의 사람들만이 학교교육의 혜택을 누릴 수 있었다. 오늘날과 같이 국가 주도의 시민 모두를 대상으로 하는 공교육 개념은 존재하지 않았다. 또한 학교에서 가르치던 교사도 대부분 교회나 수도원 소속의 사제가 주축을 이루었다. 물론 중세 말기로 가면서 시민들의 교육적 욕구가 늘어나고, 국가(시)의 학교 설립 및 운영에 대한 필요가 증대되었지만, 아직은 교회에 학교 설립 및 운영권이 있었고, 국가는 교회의 허락 하에 교육에 참여하는 과도기적 형태를 띠었다.

III. 종교개혁기의 학교, 교회 그리고 국가의 관계

중세의 학교와 국가의 이와 같은 관계는 종교개혁과 더불어 변화가 나타나기 시작했다. 종교개혁으로 인하여 교회와 국가 간의 관계에서 변화가 나타나면서, 동시에 그들과 학교와의 관계에서도 변화가 나타났기 때문이다. 이러한 변화의 상황 가운데에서 종교개혁가들은 자신들이 속한 지역에 학교를 설립하거나 개혁함으로써 새로운 학교와 국가 그리고 교회의 관계를 모색해 갔다. 루터는 독일의 시의회와 귀족에게 학교를 세울 것을 호소하였고, 멜랑히톤과 함께 학교를 개혁하였으며, 함께 학교법을 제정하기도 하였다. 칼뱅 또한 제네바에서 학교감독에 참여하였고, 인생 후반부에는 제네바 아카데미를 설립하고 운영하기도 하였다. 따라서 본 연구에서는 종교개혁가들 중 학교제도 변화에 결정적 영향을 미친 두 개혁가, 루터와 칼뱅에게서 나타나는 학교와 국가 그리고 교회의 관계들을 살펴보고자 한다.

1. 루터(Martin Luther)에게서 나타난 학교, 국가 그리고 교회의 관계

루터는 아마도 종교개혁가 중 학교 역사에 가장 큰 영향을 미친 개혁가라고 할 수 있다. 그는 개신교 지역에 새로운 학교 개념을 제시하였으며, 교회와 국가 그리고 학교에 대하여 최초의 개신교적 관계를 모색함으로써 다른 개혁가들과 그들이 활동했던 개신교 지역에도 영향을 미쳤기 때문이다.

1) 루터에게 있어서 교회와 국가의 관계

루터에게 있어서 학교와 교회 그리고 국가의 관계는 무엇보다 그의 '교회와 국가'의 관계에 기초하고 있다고 할 수 있다. 중세 카톨릭 교회는 '하나의 교회(unam sanctàm)' 개념을 바탕으로 교회가 국가의 상위개념이며, 또한 국가가 세속적이고 일시적인 인간의 감정 영역인 것에 반해 교회는 '영적'이고 우월한 영역이라고 하는 가르침을 주었다. 또한 교황권만이 문명세계의 주권자로서 모든 영적 권세와 교회적 권세가 집결되기에, 교회는 국가에 그 권세를 행사함으로 영향을 미치지만, 역으로 국가는 하나님과 직접적 관계가 없다고 하는 가르침을 주었다.[2]

교회와 국가의 관계에 대한 이와 같은 중세적 이해에 대해 루터는 새로운 패러다임을 제시하였다(Lohse, 1995, 339). 그는 중세 카톨릭 교회가 교회와 국가

---

2) 참조, 박경수, 『교회의 신학자 칼뱅』 (서울: 대한기독교서회, 2009), 219.

를 영적인 것과 세속적인 것, 이분법적으로 구분하여 교회만이 하나님의 나라로 이해하는 것에 반대하면서, 소위 '두 나라설(zwei Reichen lehre, 혹은 두 정부론 zwei Regimenten lehre)'[3]을 제시하였다.

이 두 나라는 서로 다른 형태의 통치양식, 즉 '영적 나라(geistliches Regiment)'와 '세상 나라(weltliches Regiment)'로 이루어져 있다는 것이다. 영적 나라는 인간의 영적 구원을 목적으로 하는 나라로서 하나님의 말씀과 성령이 다스리는 나라이고 '교회'와 동의어로 쓰였다면, 세상 나라는 시민들의 안녕이 목적이 되는 나라로, 그 안에 질서가 지켜지기 위해 이성과 법과 강제(검)가 다스리는 나라로 '국가'와 동의어라고 할 수 있다는 것이다. 간단히 말해서 그에게 있어서 영의 나라가 기독교인 및 경건한 사람을 만드는 나라라면, 세상 나라는 외적인 평화를 만드는 나라이다:

> "따라서 하나님은 두 나라(통치)를 주셨는 바, 하나는 영적 나라로 기독교인들과 경건한 사람들이 그리스도 안에서 성령을 통해서 하는 통치이고, 다른 하나인 세상 나라는 비기독인이며 악한 자들을 대상으로 하는 통치로써 그들을 평화롭고 평온하도록 하는 통치이다."[4]

---

3) 그의 두 왕국설은 그의 초기 저술들, 즉 "독일 기독교 귀족에게 보내는 서한(1520)", "그리스노인의 자유(1520)"에서부터 싹트기 시작하였고, "세속 정부에 관하여(1523)"에서 그는 국가, 즉 세속 정부는 인간의 죄성으로 인해 생기는 사회적 문제를 다스리기 위해 하나님께서 주신 기관이며, 국가의 역할은 질서 유지라고 보았다. "만약 세상이 참된 그리스도인, 즉 참된 신자들로 구성되었다면 왕이나 군주, 칼이나 법의 도움을 필요로 하는 일이 없을 것이다." "칼은 이 세상에서 평화를 유지하기 위해 가장 유익하고 필요한 것이기 때문에, 그리고 죄를 벌하고 사악한 자들을 제어하는 데 필요하기 때문에 그리스도인은 기꺼이 가행할 수 있는 모든 것을 행한다." M. Luther, "Von der weltlicher Obrigkeit (1523)", WA 11, 251.

4) M. Luther, "Von der weltlicher Obrigkeit (1523)", WA 11, 251, 15-18; "우리는 국가의 법과 검이 하나님의 뜻에 의해 세상 속에 있음을 의심하는 자가 없도록 건전한 기초를 마련해야 한다." Ibid.

그러나 루터는 이 두 나라가 중세 카톨릭 교회의 이해처럼 하나가 다른 하나를 배격하는 두 개의 상반된 통치 질서라고 보지는 않았다. 그는 이 두 나라가 모두 그 기원이 하나님께로부터 오며, 두 나라 모두 하나님의 질서가 다스리는 하나님의 나라여야 한다고 보았다. 즉 그에게서 이 두 나라는 기원이 같고, 궁극적 목적은 같지만, 기능적으로 서로 다른 나라인 것이다:

> "교회가 교만한 인간을 성스러운 인간으로, 죽은 자를 산 자로, 저주받은 자를 축복받은 자로, 사단의 자식을 하나님의 자녀로 만드는 과제가 있는 것같이, 세상의 정부도 야만적인 동물과 같은 자들을 인간으로 만드는 과제가 있다(Luther, 1530, 508-558)."

그래서 그는 이 두 나라를 서로 공존해야 하는 두 영역이라고 보았다. 이 두 나라는 함께 가야 한다. 왜냐하면 세상 나라에 평화와 질서가 있을 때 교회도 영원한 평화와 영원한 질서를 가르칠 수 있으며, 또한 세상의 평화가 궁극적으로는 교회가 추구하는 것의 기본 조건을 형성해 주는 것이기 때문이라는 것이다(Lohse, 1995, 335).

그러나 그럼에도 불구하고 루터는 교회와 국가는 엄연히 각자 담당하는 기능상의 차이가 존재한다고 하였다. 따라서 국가가 영의 나라의 일을 하려고 한다거나 교회가 국가의 역할을 하려고 하는 것은 옳지 않다고 보았다. 그는 교회는 인간의 내면, 즉 영혼을 위해 존재하는 것과 같이 국가는 사회질서 유지를 위해 존재한다는 기능상의 분류가 엄격히 지켜져야 한다고 보았다. 특히 그는 세상 나라의 법이 아무리 강력하더라도 영혼은 국가 지배 이외의 영역이므로 국가가 간섭해서는 안 된다고 보았다:

"세속 정부는 생명을 다루지 않는 한도 내에서 법을 갖고 있으니 이는 하나님께서 자신 외에 누구도 영혼을 지배하도록 하실 수도 없고 허락하시지도 않을 것이기 때문이다. 그러므로 세속 권력이 영혼에 대한 법을 규정하려고 한다면 그것은 하나님의 정부를 침해하는 것이며 영혼을 잘못 인도하여 파멸로 이르게 하고 말 것이다(Luther, 1523, 105)."

루터는 그 두 나라, 즉 교회와 국가는 서로 공존해야 하지만, 동시에 기능 상으로는 엄격하게 구분되는 영역으로 이해하였다.

2) 루터의 공교육 개념

루터의 종교개혁은 곧 교육개혁, 혹은 학교개혁이라고 할 정도로 루터는 학교와 교육에 많은 관심을 쏟았다. 그는 종교개혁 이후 개신교 지역에 옛 수도원이나 구교 소속 학교들이 폐쇄됨에 따라서, 그리고 새로운 개신교 지역에 목회자 및 국가에 필요한 인력을 수급해야 한다는 급박한 문제에 직면하여 학교를 설립해야만 했다. 이를 위해 그는 시의회나 귀족들에게 학교 설립을 호소하는 소위 "학교문서(Schulschrist)"를 썼는데, 이 호소의 글 안에 그의 학교 이념과 국가 및 교회와의 관계가 잘 드러나 있다.[5]

그의 학교문서에 일차적으로 나타나고 있는 것은 학교의 필요성 및 목적

---

5) 루터의 학교에 대한 생각이 잘 드러나고 있는 대표적 두 글, 소위 그의 "학교문서(Schulschriften)"
는 그의 학교에 대한 생각과 하는데, 그 하나가 "독일의 모든 도시의 시의원에게 드리는 글, 기독교학교를 세워서 활성화시킬 것을 호소하며"이고, 다른 하나는 소위 "학교설교"라고 불리우는 글로써, "어린이를 학교에 보낼 것을 호소하는 설교"이다. M.Luther, "An die Ratsherrn aller Staedte deutsches Landes, dass sie christliche Schulen aufrichten und halten sollen(1524)", WA, 15, 9-53; M. Luther, "Eine Predigt, dass man Kinder zur Schule halten solle(1530)", WA, 30, II, 508-588.

에 대한 그의 생각이다. 그는 앞에서 살펴본 두 나라, 즉 '영의 나라'와 '세상 나라' 모두의 존립과 발전을 위해서 학교가 필요하다고 하였다. "시의원에게 주는 글"에서 그는 "성경을 이해하기 위해서나 세상 나라를 바르게 이끌어가기 위해서는 '예술(Kunst)'과 '언어(Sprache)'가 필요한데 이를 위해서 학교가 필요하다."라고 하였다(Luther, 1524, 50). 물론 여기에서 예술이라는 것은 당시 학교에서 가르쳐졌던 칠 자유과(septem artes leberalis)를 지칭하는 말이다.

왜 그 두 나라를 위해 '예술'과 '언어'가 필요한가? 그는 먼저 '영의 나라'의 가장 핵심적인 것은 복음과 성경인데 이것을 바르게 이해하고 바르게 가르치기 위해서는 '언어'가 필요하다고 하였다. 물론 루터는 일차적으로 성직자 지망생들에게 특별히 성서언어인 히브리어나 헬라어와 같은 고전어의 학습이 필요하다고 하였지만, 이에서 더 나아가 '만인제사장설(das allgemeine Priestertum)'에 근거하여 '모든 사람'이 모국어로 된 성경을 읽고, 또한 자녀들에게 가르칠 수 있어야 한다고 보았다. 따라서 '영의 나라'를 위해서 학교가 필요하다는 말은 단순히 성직자 지망생을 생각한 것이 아니라 모든 그리스도인을 포함하는 것이라고 할 수 있다.

루터는 또한 '세상 나라'의 존립과 발전을 위해서도 학교가 필수불가결하다고 보았다. 그는 우선 당시 만연했던 생각, 즉 학교는 성직자를 위해서만 필요하다는 생각에 일침을 놓는다. "시의원에게 주는 글"에서 그는 "우리의 아이들이 목사가 될 것도 아닌데 무엇 때문에 공부를 시킨단 말인가? 라고 말하는 부모들이 많다."고 하였다(Luther, 1524). 그러면서 학교는 세상 나라 자체를 위해서도 필수불가결한 것이라고 하였다. 그는 세상 나라에 교육이 없다면 "야만스러운 짐승처럼 서로 물고 뜯고 죽이고…그리하여 세상은 무질서가 횡행하는 세상이 되어버릴 것이다."라고 하였다(Luther, 1530, 63). 또한 "세상 나라가 잘 돌아가려면 현명한 남자들이 그들의 땅과 그들에게 속한 사람들을 잘 다스리고 통치할 수 있어야 하고, 현명한 여자들이 그들의 집과 자녀와 종들을 잘 가르치고 부릴 수 있어야 한다."라고 하였다(Luther, 1524, 54). 세상 나라는 야만적 동물에서 그런 현명한 남성과 여성을 만들 책임이 있고, 이를 위해서 "소년과 소녀를 바로 가르치고 키워야 한다."는 것이다(Luther, 1524). '예술(칠 자유과)'은 소위 '이성'과 '지혜'를 키우는 것들로서 세상 나라를 위하여 꼭 필요한 과목들이라고 하였다.

그의 학교에 대한 생각에서 두드러지는 또 하나의 입장은 학교를 세워야 하는 주체를 '국가'로 보고 있다는 것이다. 앞서 살펴본 대로 중세에는 교회가 유일하게 학교의 설립권과 감독권이 있었다면, 루터는 '국가'로 하여금 학교를 설립할 것을 제안하고 있다. 이 같은 그의 생각은 우선 그가 학교를 세워야 한다는 호소문을 모든 도시의 시의원들을 대상으로 썼다고 하는 점에서 발견할 수 있다. 루터가 학교의 설립을 국가의 문제로 보는 데에는 먼저 국가야말로 종교개혁 당시 학교를 세우고 운영할 수 있는 재정적 힘을 소유한 기관이었다고 하는 사회적 배경과 뗄 수 없이 연결되어 있다.[6]

그러나 그가 국가가 학교를 세우는 주체가 되어야 한다고 본 것은 앞서 살펴본 대로 학교 자체가 '영의 나라'뿐 아니라 '세상 나라'를 위해서도 존립해야 한다는 그의 학교 이념과 연결되어 있다. 따라서 국가는 스스로의 유지와 발전을 위해 학교에 대한 의무를 다해야 한다는 것이다.

사실 루터에게서 교육에 대하여 의무를 가지는 일차적 주체는 '가정'이요,

---

6) 당시 '아우크스부르크 종교회의(Augsburg)'의 결과, 봉건영주가 어떤 종교를 선택하느냐에 따라서 그의 영토에 속하는 모든 사람들이 그 종교를 택해야 하는 결정이 내려지면서, 구교 지역은 기존의 학교를 유지할 수 있었지만, 개신교 지역은 갑자기 학교들이 구교로부터 독립되어 더이상은 구교의 도움을 받을 수 없었다. 교회가 아직 재정적인 기반이 없는 상황에서 루터가 국가(시)에 학교의 설립을 권장한 것은 어찌 보면 당연한 것이었을 것이다.

'부모'이다(Asheim, 1961, 44-45).[7] 앞서 우리는 그의 세계가 '영의 나라'와 '세상 나라'로 구분된다는 점을 살펴보았지만, 사실 그는 이와 나란히 '가정 나라(Hausregiment)'를 첨가하여 '삼-지위론(Drei-Staende-Lehre)'을 전개하였다(Luther, 1528). 그는 '삼-지위론'은 세상을 다스리는 세 지위가 있는데, 영적 지위인 '목사', 세상을 다스리는 '통치자(Obrigkeitsstand)' 그리고 마지막으로 가정을 다스리는 '부모'가 그것이라고 하였다. 이 지위들은 각각 자신의 영역에서 다스림의 과제를 하나님으로부터 위탁받았는데, 무엇보다 세 번째 지위인 부모가 자녀를 다스리는 것이 곧 '교육(ziehen)'을 의미한다고 하였다. 그는 또한 가정은 '영의 나라'와 '세상 나라'에 동시에 속한다고 하였고, 따라서 부모는 영적 가르침과 세상적 가르침 모두에 대한 책임을 하나님으로부터 부여받았다고 하였다(Luther, 1528).

그런데 루터는 부모가 그러한 일차적 교육적 과제를 담당할 수 없을 때에는 그 과제를 국가와 '통치자'가 대신하여야 한다고 하였다. "국가에 어린이들이 매일 새롭게 태어나는데, 이들이 교육 없이 그냥 방치되면 불행해진다(Luther, 1524, 46)."고 하면서 국가가 이들을 위해 기관과 시설을 갖추어 이들의 교육을 담당해야 한다고 하였는데, 이것이 바로 '학교'여야 한다는 것이다(Klaus Goebel, 1985, 7).

이와 같은 루터의 생각에는 오늘날의 공교육 개념이 나타난다. 그는 특별한 계층, 즉 성직자나 귀족만이 교육의 대상이 아니라 국가 안에서 태어나는 모든 소년 소녀가 교육의 대상이 되어야 한다고 보았고, 국가는 또한 그들에 대한 교육의 의무를 수행해야 한다고 보았다. 이것은 중세의 학교 개념 및 학교와 국가 그리고 교회의 관계를 근본적으로 새롭게 하는 개념이 되었다. 그는 학교

---

7) 그는 이와 같은 생각을 그의 교리문답서 제4계명, 즉 "부모를 공경하라"는 계명에 대한 해석에서 분명하게 밝히고 있다. 참조, Deutsch Katechismus (1529), WA 30, 1, 152, 19-25.

의 설립권을 교회에서 국가로 이전하였고, 학교의 목적도 성직자 양성만을 우선으로 하는 것이 아니라 모든 그리스도인이 영의 나라와 세상 나라에 동시에 속하는 것과 마찬가지로 교회와 국가 모두를 위해서 존립한다는 개념을 제시하였으며, 더 나아가 학교교육의 대상을 소수의 특권계층으로부터 모든 시민에게로 확대하였다.

3) 루터에게 있어서 학교와 국가 그리고 교회의 관계

우리는 루터가 공교육 개념을 제시하였다고 해서, 그의 학교 개념이 오늘날의 공교육과 같이 가치중립성을 표방하는 개념은 아니었다는 사실에 주목할 필요가 있다. 앞에서 살펴본 대로 루터는 국가도 하나님의 통치가 이루어져야 할 하나님의 나라의 일부분이라고 생각했고, 국가나 교회는 서로 협력하여서 세상에 하나님의 통치가 이루어지도록 하는 공동의 목표를 가지고 있다고 보았다. 따라서 그가 생각하는 학교는 설령 그것이 국가에 의해서 세워진 공공학교라 하더라도 국가의 궁극적 목적인 하나님의 나라 통치가 이루어지게 한다는 목적을 수렴하는 기독교적 학교여야 하였다. 그래서 루터는 "시의원에게 주는 글"에서도 단순히 '학교'를 세울 것을 요청한 것이 아니라 '기독교 학교(Christliche Schule)'를 세울 것을 요청하였다.

이러한 루터의 교육 개념은 그가 제시하는 교과목에도 반영되고 있다. 그는 앞에서 언급한 대로 학교에서 '언어'와 '예술(칠 자유과)'이 필요하다고 하였다. 모국어(초등교육)와 라틴어(중등교육), 그리고 문법, 수사학, 변증법, 기하학, 수학 천문학, 음악으로 이루어지는 칠자유 과목을 가르쳐야 한다고 하였는데, 이것은 당시 인문주의의 영향을 받은 대부분의 학교에서 일반적으로 행해졌던 것이

다. 그러나 루터는 이에 덧붙여서 '역사'와 '교리문답', 그리고 '성경'을 가르칠 것을
제창하였다(Luther, 1530). 그는 성직자 지망생뿐만 아니라 중등 및 초등교육의 과
정에 이르기까지 교리문답과 성경이 반드시 가르쳐져야 한다고 함으로써, 최초
로 공교육 안에서 이루어지는 '종교수업'의 전통을 세웠다.[8]

또한 루터는 국가의 학교설립권을 주장하였지만, 교회는 학교감독권을 행
사함으로써 학교의 운영에 적극적으로 참여하는 형태를 정착시켰다. 아스하임
(Ivar Asheim)은 루터의 학교 개념은 외적으로는 국가에 책임이 있지만, 내적으로
는 교회에 그 책임이 있는 구조를 띠고 있었다고 하였다(Asheim, 1961, 67). 루터는
무엇보다 '목사의 학교감독권(geistliche Schulaufsicht)'을 제정하여 학교를 감독하
는 권한을 교회에 두었다. 그는 또한 소위 학교법을 교회법의 우산 아래 둠으로
써 교회에게 학교법을 제정하는 권한을 주었다(Schulgesetzgebung). 학교법은 오
늘날로 말하자면 교육법, 혹은 문교법으로서 학교와 관련된 모든 법조항 뿐 아
니라 학교의 교과과정, 학제, 시간표, 학생의 자격 및 교사의 자격을 법으로 규
정하여 학교에서 이를 시행하도록 하였던 법을 말한다. 루터는 그 스스로도 멜
랑히톤(Ph. Melanchthon)과 함께 쿠어작센(Kursäcken) 지역의 학교법을 제정하였
는데, 이것이 후에 독일 개신교 지역 학교법령의 모델이 된다.[9]

루터는 국가와 교회는 학교에 대해서 공동의 책임이 있는 기관이라고 보았
다. 그는 '국가'가 학교를 세워서 모든 시민들을 대상으로 하는 교육을 제공하는
외적 책임이 있는 기관이지만, 이와 동시에 '교회'는 학교의 감독 및 운영을 주관
하는 내적 책임이 있는 기관으로서의 기능을 감당하는 기관이 되어야 한다고

---

8) Ivar Asheim, *Glaube und Erziehung bei Luther*, 73. 실제로 독일에서는 그와 같은 루터의 전
통이 오늘날에 이르기까지 이어져, 모든 공교육 안에서 '종교수업'이 실시되고 있다.

9) "von Philipp Melanchthon und Dr.Martin Luther eignehaendi gestellt Schulordnung fuer
Herzberg (1538)" Fr. Hahn, *Die Evangelische Unterweisung in des Schulen des 16 Jahr hund-
erts* (Heidelberg, Quelle&Meyer, 1957), 33에서 재인용.

보았다. 국가와 교회는 학교에 대하여 각각의 분리되는 기능을 감당하는 형태의 협력적이고 상호보충적 관계를 유지해야 한다고 보았다. 이 관계 안에서 우리가 기억해야 할 것은 교회는 결코 '사사의 영역(Privat Bereich)'에 머무르는 기관이 아니었고, 역으로 국가도 가치중립적 국가가 아니라 하나님의 통치 영역으로서의 국가, 즉 기독교적 국가였다는 사실이다.

2. 칼뱅(Jean Calvin)에게 있어서 학교에 대한 국가와 교회의 관계

칼뱅은 그의 사역 인생 전반에 걸쳐서 학교에 대한 관심과 열정을 쏟은 개혁가였다. 물론 그는 인생 말기(1559년)에 제네바 아카데미를 설립한 것으로 잘 알려져 있다. 그러나 그의 학교에 대한 관심은 그가 파렐의 초청을 받고 제네바로 오기 전(1536년 8월)부터 나타난다.[10] 그는 1536년 5월 제네바 시를 위한 헌장에서 모든 아이들이 다닐 수 있고 가난한 아이들이 무료로 교육을 받을 수 있는 학교를 위한 계획을 밝혔고, 이러한 제안의 결과로 제네바 시에는 '꼴레주 드라 리브(Collège de la Rive)'가 세워졌다. 칼뱅은 또한 1538년 1월 12일에 "제네바 학교를 위한 계획(Plan for the School of Geneva)"을 시의회에 제출한 바 있다. 그러나 같은 해 4월에 그는 꼬르디에와 파렐과 함께 제네바에서 추방을 당하였고, 1541년까지 스트라스부르에서 머무르게 된다. 이러한 일로 인하여 꼴레수드 라 리브는 문을 닫게 되었고, 제네바에서의 학교 설립을 위한 논의가 큰 타격을 입었다. 그러나 칼뱅이 1541년 9월 13일 스트라스부르로부터 제네바로 귀

---

10) 참조, W. Stanford Reid, "Calvin and the Founding of the Academy of Geneva," Westminster Theological Journal Vol.18 No.1 (November 1995), 7; 쟝 깔뱅 지음, 황정욱·박경수 옮김, 『깔뱅: 신학논문들』 (서울: 두란노아카데미, 2011), 72-73; 백충현, "16세기 종교개혁과 신학교육 : 깔뱅의 제네바 아카데미의 '신학적 인문학 교육'을 중심으로", 제10회 종교개혁기념학술강좌, 2012. 10.25.

환하면서, 꼴레주 드 라 리브가 다시 문을 열었고, 칼뱅은 1541년 9월 26일 소의회에 새로운 "제네바 교회 헌법 초안(Ordonnances ecclesiastiques de 1541)"을 제출하였다. 이 헌법에서 그는 제네바 아카데미의 설립 취지와 목적 그리고 방향을 제시한다. 이때 통과된 법은 그로부터 18년 후인 1559년에 제네바 아카데미 창립예배를 드리는 것으로 열매를 맺게 된다. 이제 그에게서 나타나는 학교와 교회 그리고 국가의 관계에 대해 살펴보도록 하자.

1) 칼뱅에게 나타나는 국가와 교회의 관계

칼뱅이 생각하였던 학교에 대한 국가와 교회의 역할을 이해하기 위해서 우리는 먼저 국가와 교회의 관계에 관한 그의 생각을 분명히 할 필요가 있다. 칼뱅에게서의 '교회와 국가'의 관계도 루터에게서처럼 중세적 '교회와 국가'에 대한 이분법적이며 우열적 관계로부터 구별되는 것으로 시작한다. 그는 우선 교회는 "영적이고 내적 인간에게 속하며 영원한 삶과 관계되는 것"이라면, 국가는 "시민적 정의와 외적 도덕의 확립"과 관련된 것이라고 하면서 그들을 구별하였다 (Calvin, 1559, IV. 20, 1). 교회는 그리스도의 나라로서 영적이고 내적이며 영원한 것인 반면, 국가의 통치는 육적이고 지상적이고 일시적이기 때문에 그 둘을 혼돈해서는 안 된다는 것이다.

그러나 그렇다고 해서 칼뱅이 국가와 교회를 서로 무관하거나 대립되는 것으로 본 것은 아니었다. 칼뱅은 그 둘이 서로 구별되지만 대립되는 것은 아니며, 서로 다르지만 같은 목적을 가진 하나님의 도구라고 인식하였다. 그에게 있어서 교회가 인간의 영적 차원과 영원한 생명을 위해 하나님께서 주신 기관이라면, 국가는 시민적 정의와 도덕의 확립, 인류사회의 평화와 복지뿐만 아니라 경건을 진작시키기 위해서 하나님이 주신 기구였다. 그는 먼저 국가의 필요성을 인간의 죄와 그로 인해 파생되는 사회의 혼란을 막기 위해 필요하다는 점에서 찾았다:

"악한 자들은 지극히 오만하고 완고하여 매우 엄한 법으로도 제재하기가 극히 힘들다. 그런데 만일 그들이 자신들의 악행을 멈추게 할 만한 국가 권력이 없어서 자신들이 아무런 처벌도 받지 않고 무사히 지나갈 수 있다는 것을 안다면 도대체 그들이 무슨 일을 저지르겠는가?… (Calvin, 1559, IV. 20, 2)"[11]

여기서 주목할 것은 칼뱅은 이처럼 인간의 죄에서 파생하는 사회의 혼란을 막기 위해서도 국가가 필요하지만, 동시에 경건의 진보를 촉진하기 위해서도 국가가 필요하다고 보았다는 것이다:

"국가의 통치는 우리가 사람들 사이에 사는 동안 하나님께 드리는 외적인 예배를 존중하고 보호하며, 경건에 관한 건전한 가르침과 교회의 지위를 변호하고, 우리의 생활을 사회에 적응시키고, 시민의 의에 부합하도록 우리의 사회적 행실을 형성하고, 우리를 서로 화목케 하고, 또한 전체의 평화와 안정을 도모하기 위한 목적을 가진다(Calvin, 1559, IV. 20, 2)."

그렇게 보았을 때 칼뱅의 국가 개념은 두 가지의 임무를 가지는데, 사람들 사이에서 인간성이 유지되도록 하는 '정치적 임무'와 그리스도인들 사이에서 경

---

11) 참조, "만일 우리가 하나님이 태초에 창조하신 자연스러운 순결함의 상태를 유지했었다면, 정의의 질서는 필요가 없었을 것이다. 왜냐하면 각 사람은 진심으로 율법을 준수했을 것이고, 따라서 우리를 억제하기 위한 강제력도 필요치 않았을 것이기 때문이다.…그러므로 정의는 인간 타락에 대한 하나의 치료책이다. 인간의 정의가 언급되는 그 어디에나 거기에는 우리 불법을 비추어 주는 거울이 있음을 상기하자. 왜냐하면 힘에 의해서만 우리는 공평과 사리를 따를 수 있기 때문이다." J. Calvin, Opera quae supersunt omnia (Corpus Reformatorum 29-87, Calvini Opera 1-59) eds. G.Baum, E.Cunitz and E. Reuss (Braunschweig: Schwetschke, 1863-1900), 27, 409.

건의 공적 표현이 가능하도록 해야 하는 '종교적 임무'가 그것이라고 보았다. 따라서 칼뱅에게 있어서 국가는 그 기원과 권위에 있어서 교회와 마찬가지로 신적 성격을 지니는 것이었다. 국가는 하나님이 인간을 위해 주신 은혜의 선물이고, 마찬가지로 국가의 통치자들은 곧 하나님의 대리자였다. 칼뱅은 그들이 하나님의 뜻을 국가를 섬기는 것으로 구현하는 소명을 가진 자로서(Calvin, 1559, IV. 20, 4), 국가가 그 같은 임무를 수행하기 위해서 무력의 사용, 평화를 보존하기 위한 전쟁 수행 등의 권한을 사용할 수 있다고 보았다. 또한 통치자는 국가의 임무 수행과 공익을 위해 세금을 징수할 권한이 있고, 그 세금으로 국가의 임무, 즉 정치적 임무와 종교적 임무를 수행하는 데 쓸 수 있다고 하였다(Calvin, 1559, IV. 20, 13).

그렇게 보았을 때 칼뱅의 '교회와 국가'의 관계는 중세 카톨릭의 '교회와 국가' 관계에 대한 이원론적이고 서열적 입장으로부터 거리를 두어, 교회와 국가 모두 하나님으로부터 기원하며 하나님의 통치가 일어나야 한다는 동일한 목적을 가진 하나님의 나라라고 하는 점에서 루터의 그것과 공통된다고 하겠다. 그러나 칼뱅은 루터가 교회와 국가는 기능적으로 서로 분리되기 때문에 국가가 영적인 사항, 즉 경건에 관한 일을 침범해서는 안 된다고 보았던 입장에서 더 나아가 국가는 시민의 경건의 진작을 위한 '종교적 임무'를 갖고 있다고 보았다. 루터는 그리스도인이 국가를 종교적인 차원에서 이용해서는 안 된다고 본 반면, 칼뱅은 교회가 기독교적 원칙으로 세상에 영향을 미쳐야 하며, 이 목적으로 이루기 위해 국가라는 수단을 사용할 수 있다고 봄으로써 국가에 대한 교회의 영향력을 보다 더 강조하였다는 점에서 루터와 구별된다고 할 수 있다.[12] 교회와 국가의 관계에 관한 중세 카톨릭의 입장과 루터의 입장 그리고 칼뱅의 입장을

12) 참조, 박경수, 『교회의 신학자 칼뱅』 (서울: 대한기독교서회, 2009), 219-210.

표로 나타내 보면 아래와 같다.[13]

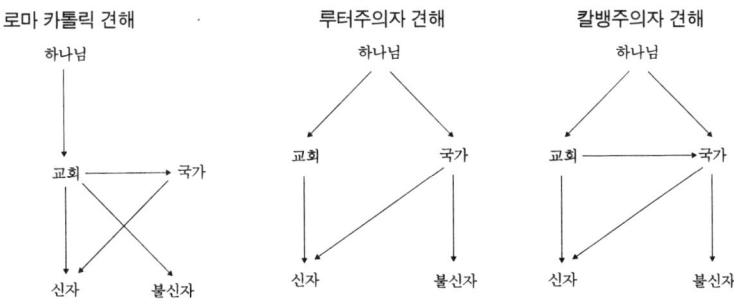

로마 카톨릭 견해 · 루터주의자 견해 · 칼뱅주의자 견해

2) 제네바 아카데미 설립과 운영에 나타나는 국가와 교회의 관계

그러면 칼뱅이 갖고 있었던 교회와 국가의 관계에 근거하여 보았을 때 학교
는 어디에 위치할 수 있는가? 이에 대한 답을 찾는 가장 직접적인 길은 아마도
그가 실제적으로 참여하였던 학교 설립 및 운영과정을 살펴보는 일일 것이다.
왜냐하면 칼뱅은 그의 사역 말기(1559년)에 오랫동안 꿈꾸어 왔던 학교, 즉 제네
바 아가데미를 설립하고, 직·간접적으로 그에 참여하였기 때문이다. 따라서 제
네바 아카데미의 설립 취지, 목적, 학제 및 교과내용, 운영들을 살펴봄으로써 그
속에 나타난 학교와 국가 그리고 교회의 관계를 찾아내보기로 하자.
칼뱅의 학교 이념 및 학교 설립의 목적은 그가 1541년에 제안한 "교회법령

---

13) 아래의 도표는 H. Wayne House, *Christian Ministries and the Law* (Grand Rapids: Baker
Book House, 1992), 34-37에 나타난 것으로 박경수의 『교회의 신학자 칼뱅』의 219에서 재인
용한 것이다.

(Ordonnances ecclesiastiques de 1541)"에 나타나는데, 이 제안에서 그는 제네바에 학교를 설립하여 필요한 인재를 양성해야 한다는 것을 강조하였다. 그는 그 법령에서 우리의 자녀들에게 교회가 황무지 같은 곳이 되지 않도록 우리가 다음 세대를 위해 준비해야 하며, 자녀들이 "목회직(ministry)"과 국가의 "행정직(magistracy)"에서 일할 수 있도록 준비시키기 위하여 학교를 설립해야 한다는 것을 주장하였다(Kidd, 1991, 594). 여기에서 우리가 주목할 것은 칼뱅도 루터와 마찬가지로 "교회법령"에서 학교를 세울 것을 주장하였다는 것이고, 또한 그 학교 설립 목적을 '목회직'과 '행정직'의 양성에 두었다는 것이다. 이것은 그가 교회를 학교에 대한 의무가 있는 곳으로 보았다는 것을 의미하며, 그와 동시에 학교는 '교회'와 '국가(시)' 모두를 위해 존립해야 하는 것으로 보았다는 것을 의미하는 것이다. 즉 그는 교회가 학교 설립의 주체이지만, 학교는 교회와 국가의 지도자 양성을 위해 존재해야 한다고 보았다는 것이다.

이 같은 칼뱅의 생각은 실제로 그가 세운 제네바 아카데미의 교육 목적에도 동일하게 나타나는 것을 볼 수 있다. 1559년 6월 5일 생피에르 교회에서 있었던 제네바 아카데미의 공식 개원식에서 칼뱅이 세운 초대 교장 베자(Beza)의 아래와 같은 연설이 이것을 잘 증명해 준다:

"여러분은 고대 그리스의 사람들처럼 헛된 레슬링 경기를 보려고 학교(gymnasia)에 모인 것이 아니라 참된 경건에 대한 지식과 학문으로 잘 준비되어서 하나님의 영광을 최고로 높이고 여러분들의 조국을 영광스럽게 하고 여러분의 가족을 부양하기 위해 이곳에 모였습니다."[14]

---

14) *Discours du Recteur Th. de Beze prononce a l'inauguration de l'academie dans le temple de Saint Pierre a Geneve le 5 juin 1559* (Originally published Geneva 1559, reprinted Geneva 1959), 19, K. *Maag, Seminary or University?, The Genevan Academy and Reformed Higher Education, 1560-1620* (Cambridge, University Press, 1995), 15-16 재인용.

연설에 나타나고 있는 것처럼, 제네바 아카데미는 '교회'와 '국가'에 봉사할 일꾼을 양성하는 것을 학교의 목적으로 삼았던 칼뱅의 생각이 잘 반영되어 있다(박경수, 2009, 319).

이러한 그의 교육 이념, 혹은 교육 목적은 제네바 아카데미의 학제에도 잘 반영되어 있다. 제네바 아카데미는 교회의 성직자만을 양성하는 기관이 아니라 초등교육과정과 고등교육과정을 아우르는 과정이었으며, 성경과 신학을 포함하여 일반교양 및 인문학을 폭넓게 가르침으로써 교회 및 국가의 지도자 양성이라는 두 목적을 수렴하였던 것을 볼 수 있다. 제네바 아카데미의 학제는 크게 두 영역으로 분리되어 있었는데, 그 하나가 '숄라 프리바타(schola privata)'라 불리우는 초등과정이었고, 다른 하나는 '숄라 푸블리카(schola publica)'라고 불리우는 고등교육과정이었다(Maag, 1995, 9). 숄라 프리바타는 6세부터 16세까지의 학생들을 대상으로 하는 교육기관으로 숄라 푸블리카보다 먼저 설립되어 운영되었다. 제네바 시와 시의 행정관들은 이 학교야말로 시를 위해 가장 중요한 기관 중 하나로 여겼고, 새로 건축된 건물을 이 학교 혼자 사용할 수 있도록 배정하였을 뿐만 아니라 학교가 지속적으로 운영될 수 있도록 재정적 보조를 아끼지 않았다(Maag, 1995, 11). 숄라 푸블리카는 고등교육 수준의 학생을 대상으로 하는 학제였는데, 오늘날 신학교로 알려져 있는 부분이 바로 그 부분이었다.

각 영역에서 다루어졌던 교과의 내용을 살펴보면 다음과 같다. 숄라 프리바타(초등과정)에서는 교리문답과 성경을 공부하고, 프랑스어, 라틴어와 그리스어를 배우며, 이에 덧붙여 베르길리우스, 키케로, 호메로스, 데모스테네스 등의 고전들을 공부하였는데, 이것은 당시의 인문주의적 영향이라고 할 수 있다. 그리고 숄라 푸블리카(고등과정)의 교과과정은 주당 27시간의 수업으로 구성되었는데, 신학 3시간, 히브리어와 구약 8시간, 그리고 그리스 웅변가들과 시인들 5시간, 윤리학 3시간, 물리학과 수학 3시간, 수사학과 논리학 5시간으로 구성되었다(박경수, 2009, 325-329). 물론 이같은 교과목들은 제네바 아카데미의 교과내용이 크게 세 부분, 즉 신학, 인문학, 그리고 칠 자유과로 이루어졌음을 나타내 주고 있다.

제네바 아카데미의 학교 운영 및 행정 또한 칼뱅에게 있어서 교회와 국가 그리고 학교의 관계를 엿볼 수 있는 또 하나의 중요한 측면이라고 할 수 있다. 우리가 주목해야 할 것은 제네바 아카데미의 학교 설립을 결정하고 추진한 곳이 국가, 즉 시의회였다는 것이다(Maag, 1995, 11). 우리는 제네바 아카데미 설립과정에서 나타나는 재정적 필요를 위해 시의 재정국(treasury)에서 아카데미의 건물을 위한 부지를 매입하였고, 돈을 마련하거나 모금하는 역할을 하였다는 기록을 발견한다. 제네바 시는 적극적으로 모금에 나섰을 뿐만 아니라 시에서 거두어들인 벌금 및 주인 없는 재산까지도 학교에 투입하였다(박경수, 2009, 315-317).

제네바 아카데미를 설립하는 데 필요한 재정은 시에서 담당하였지만, 실제로 제네바 아카데미의 학교 운영은 '목사회'와 '행정관'이 공동으로 참여하는 운영위원회에 의해서 이루어졌다. 물론 두 그룹은 학교 운영과정에서 기능상의 차이를 보이기도 하였다. 예를 들어 '행정관'들은 강의실, 의자 등의 학교의 시설들이 마련되도록 하며, 매년 있는 진급식에 참여하거나 우수한 학생들에게 상을 주는 등의 실제적이고 행정적인 일들을 관할하였다.[15] 반면 '목사회'는 교사를 선발하는 인선권 및 학장, 학감, 교수, 교사를 임명할 때에 후보자들을 면접하고 검토하며 적합한 후보가 고위 '운영위원회'의 인준을 받도록 선택하였다. 그리고 학장은 목사회의 회원 중에서 결정되었기 때문에 목사회는 학교의 학사일정이나 학문적 방향 그리고 교육과 관련된 중요한 결정 등을 주도하였다고 할 수 있

---

15) 'L'Ordre establi' in Thevenaz, Histoire du College de Geneve, 42, 44, 48-50, K. *Maag, Seminary or University?* 18에서 재인용.

다. 이 같은 기능상의 구별이 있었지만 제네바 아카데미의 운영은 행정관과 목사회 공동으로 구성되는 운영위원회의 결정으로 이루어졌다. 목사회가 한 결정들도 궁극적으로는 목사회와 행정관이 공동으로 참여하는 고위 운영위원회에서 결정되었기 때문이다.

3) 칼뱅에게서 나타나는 국가와 교회 그리고 학교의 관계

칼뱅의 제네바 아카데미 설립 및 운영에 나타나는 학교와 국가 그리고 교회의 관계는 무엇보다 '국가와 교회'의 관계에 대한 그의 입장으로부터 보아야 할 필요가 있다. 앞에서 살펴본 대로 그는 교회와 국가가 기능상으로는 구별되면서도, 모두 하나님의 은혜의 선물로서 하나님의 통치를 대리하는 기관으로 보았다. 교회만이 아니라 국가도 하나님의 뜻을 섬기는 기관이었고, 교회가 인간의 내면과 영원한 생명을 매개하는 기관이라면, 국가는 사람들 사이에서 질서가 유지되게 하고, 더 나아가 경건의 공적 표현 및 예배가 유지되도록 하는 종교적 임무도 갖고 있다고 보았다. 국가는 이러한 자신의 임무를 수행하기 위해 무력의 사용 및 세금의 징수와 집행을 할 권한 및 의무가 있다고 보았다.

이러한 관계에서 볼 때, 학교는 국가와 교회 모두의 의무이면서 권리라고 할 수 있다. 교회는 하나님 백성의 영적 생명을 위해 지도자를 양성해야 할 의무와 권리가 있지만, 동시에 국가는 국가 안에 하나님의 통치가 이루어질 수 있도록 지도자를 양성해야 하고, 이를 위해 구체적으로 재정적 지원 및 집행, 그리고 운영에도 참여할 의무와 권리가 있다. 따라서 칼뱅의 학교 개념에서는 교회와 국가가 공동으로 학교에 대한 의무 및 권리를 행사하는 관계구조를 발견할 수 있다. 국가와 교회가 모두 학교 설립 및 운영의 권리를 가지고, 학교는 또한 교회와 국가 모두를 위해 존재하는 기관으로서의 성격을 띤다. 칼뱅은 루터에 비하여 좀 더 적극적으로 국가를 학교의 교육 및 운영에 참여하도록 하였던 것을 볼 수 있다. 국가(시)와 교회는 학교의 설립 및 운영 그리고 교육에 구체적으로 함께 하였다. 교회가 학교의 설립을 결정하면 시가 재정적으로 후원하고, 목사회와 행정관이 공동으로 참여하는 고위 '운영위원회'가 교사 임명 및 학사 일정 등 학교교육의 중요사항을 결정하였다.

IV. 종교개혁기의 학교, 교회, 국가의 관계

종교개혁가들에게의 '학교와 교회 그리고 국가'의 관계에서 공통적으로 드러나는 것은 그들에게서의 이 관계가 중세시대의 그것과는 다른 양태로 나타나고 있다는 것이다. 중세에는 학교의 설립권과 감독권이 교회에 있었고, 학교 설립의 일차적 목적도 성직자를 양성하는 것에 있었다면, 종교개혁과 더불어 학교의 설립에 '국가'가 주체로서 참여하게 되었고, 학교는 이제 국가에 필요한 인재를 양성한다는 목적도 성직자 양성이라는 목적만큼이나 핵심적인 존립의 목적으로 삼게 되었다는 것이다.

위의 고찰과 더불어 우리는 이와 같은 변화는 두 시대가 갖고 있었던 '교회와 국가'의 관계에 대한 차이에 근간한다는 것을 확인하였다. 중세의 로마 카톨릭 교회는 교회만이 유일하게 하나님과 직접적으로 관계하며 교회가 국가의 우위에 위치한다면 국가는 교회에 종속될 뿐만 아니라 하나님과 직접적 관계가 없다고 보았다. 따라서 그들은 교회는 신자에게나 불신자들에게 영향을 미치는 기관이지만, 국가는 교회를 통해서만 간접적으로 영향을 미칠 수 있다고 보았다. 그 같은 이해를 바탕으로 그들은 '교회'만이 유일하게 학교를 설립하고 운영할 수 있는 기관이며, 학교가 성직자를 양성하면 그 성직자를 통해서 간접적으로 국가(시)가 영향을 받게 되는 관계구조를 형성하였다.

반면 종교개혁가들에게는 '교회와 국가'의 관계에 대한 새로운 패러다임이 나타난다. 이들은 교회와 국가가 모두 하나님으로부터 기원하며, 두 나라 모두 하나님의 통치가 나타나야 할 영역이라고 이해하였다. 따라서 그 둘은 궁극적 목적을 함께 공유하지만 기능적으로 서로 다른 기관이며, 이들의 통치 형태가 다를 뿐이지 서로가 서로를 배격하는 관계는 아니라는 것이다.

이와 같은 생각에 근거하여 종교개혁가들에게 있어서 학교의 핵심적 존립 목적은 더이상 성직자 양성만이 아니라 국가에 평화와 질서를 유지하고, 필요한 인재를 양성하는 것도 된다. 뿐만 아니라 이제 이들에게는 '국가'도 적극적으로 학교를 설립하고 운영하는 주체가 된다. 국가는 자신의 존립 목적, 즉 세상 속에 평화와 질서를 유지한다는 목적을 이루기 위해 학교를 세워 태어나는 모든 소년과 소녀를 교육해야 할 의무를 갖는 기관이 되고, 학교는 이제 공공의 영역이 된다.

그러나 종교개혁기에 국가에 학교를 설립하고 운영할 수 있는 권한과 의무가 주어졌다고 해서 교회가 학교에 대한 의무 및 권한으로부터 벗어난 것은 결코 아니었다. 루터의 경우 외적으로는 국가가 학교에 대한 책임을 수행하는 기관이라면, 내적으로는 교회가 실제적으로 학교교육을 담당하는 기관으로서의 역할을 하였다. 교회는 소위 '학교감독권(geistliche Schulaufsicht)'을 갖고 학교를 감독하였고, 학교법을 제정하는(Schulgesetzgebung) 기관으로서 학교의 교과 내용, 시간표, 학교 운영 및 교사 선정 등 학교교육의 전반적인 결정을 주도하였다. 칼뱅의 경우는 교회와 국가, 즉 목사회와 행정관(시의회)이 협력하여 학교를 운영하는 위원회를 구성하였고, 그를 통하여 학교를 운영하는 체제를 보여 주었다. 이를 표로 나타내 보면 아래와 같다.

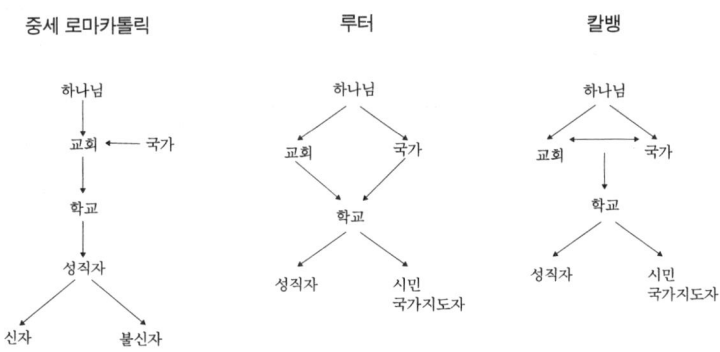

V. 나가는 말 : 종교개혁의 '학교, 교회, 국가'의 관계가
오늘에 주는 시사점

위에서 살펴본 종교개혁기의 '학교, 교회 그리고 국가'의 관계들로부터 우리가 무엇보다 먼저 발견하게 되는 것은 종교개혁기의 교회는 교육과 관련하여 결코 '사사의 영역(das Private Bereich)'에 머물지 않았다는 것이다. 교회는 공공의 영역에서 떨어져 교회 안의 기독교 신자들을 대상으로 하는 신앙교육만을 담당하는 기관이 아니라 시민을 대상으로 하는 공교육, 그리고 시민으로 살아가는 데 필요한 모든 영역을 아우르는 소위 '일반교육'을 주관하고 감독하며, 더 나아가 학교법까지도 제정하는 주체로서의 역할을 하였다는 것이다. 이들은 기독교인이 국가와 교회에 동시에 소속된 존재인 것처럼, 신앙교육과 일반교육을 구획화 하여 보지 않았고, 두 영역 모두를 기독교라는 우산 아래에서 통합적으로 수렴하면서, 학교가 '세상 속에서 바른 기독교인으로 살아가는 사람'을 양육하는 기관으로서의 의무를 수행하는 기관이 되도록 하였다는 것이다.

이들의 이와 같은 노력은 종교개혁 이후 현대에 이르기까지 유럽의 학교와 교회 그리고 국가 간의 관계에 결정적 영향을 미쳤다. 물론 국가마다 차이가 있지만, 독일이나 스위스 등의 나라에서는 교회의 '학교감독권(geistliche Schulaufsicht)'과 '학교법 제정권(Schulgesetzgebung)'이 근대 전체를 통해서 유지되었고 (Stoodt, 1985, 10ff), 독일의 경우 일부 주에서는 바이마르 공화국 헌법이 제정된 1919년 직전까지도 지속되었던 것을 볼 수 있다. 물론 바이마르 헌법에서 공식적으로 교회의 '학교감독권'과 '학교법 제정권'은 폐기되었지만, 그럼에도 불구하고 동 헌법의 144조에서는 "모든 학교는 국가의 감독 아래 있고, 국가는 교회를 그것에 참여시킬 수 있다."는 조항을 규정함으로써(Küchenhoff, 1986, 1554), 여전히 교회가 학교의 감독에 참여할 수 있고, 또한 국가가 교회를 공교육의 파트너로 학교에 참여시킬 수 있음을 명시하고 있다. 이와 같은 방향을 기초로 하여 유럽의 여러 나라에서는 공교육 안에 '종교수업'을 헌법에 명시하였고, 오늘날까지 유지해 오고 있다. 교회가 사사의 영역에만 머물지 않고, 국가의 파트너로서 공교육에 참여하고 그에 대한 의무를 다해야 하는 것은 종교개혁이 남긴 전통이다.

종교개혁기의 국가는 또한 국가가 종교교육에 대한 의무를 수행했던 예를 보여 준다. 칼뱅에게서 보는 바와 같이 국가는 시민들의 경건을 진작시킬 '종교적 의무'가 있고, 이를 학교를 통해 실천하는 기관으로서의 역할을 담당하였다. 따라서 국가는 학교를 통한 교회의 성직자 양성을 지원했고,[16] 기독교적으로 설

16) 독일의 경우, 현대에도 공립대학 안에 신학과가 위치하고 있고, 이곳에서 목사 후보생이 양성되고 있다.

립되고 운영되는 학교들에게 교회가 교육의 내용을 결정하고, 스스로 교사를 수급하며, 학생을 선발할 수 있는 권한을 존중해 주었으며, 더 나아가 공공학교에서 '종교수업'을 정규과목으로 제정하고 이를 실행하도록 지원하였다. 국가는 공공의 기관이지만, 시민의 종교를 인정하고 학교에서 '종교교육'을 지원하는 역할을 하였다. 그렇게 볼 때 종교개혁은 교회와 국가가 그 어느 곳보다 '학교'라는 장에서 서로 만나고, 시민을 교육하는 일에 함께 협력하고 공동의 과제를 수행하였던 것을 보여 준다.

개혁교회는 종교개혁의 전통을 소중히 여기고 그 정신에 언제나 새롭게 접목하려는 것으로 자신의 정체성을 유지해 가는 교회이다. 그런 의미에서 볼 때 개혁교회의 본질을 찾는 것은 단순히 신학이나 목회의 영역에서만이 아니라 학교와 관련하여 종교개혁이 새롭게 세웠던 전통을 기억하며, 그 정신을 새롭게 하는 것도 포함된다고 하겠다. 종교개혁가들이 행했던 학교의 이념 정립, 학교와 국가 그리고 교회와의 관계 재정립과 같은 교육개혁적 전통, 그리고 무엇보다 공교육에 대하여 그들의 책임과 의무를 다하였던 노력들, 학교를 통해서 국가와 세상에 하나님의 통치를 이루어가고자 했던 열정들은 우리 개혁교회가 언제나 다시금 기억하고 새롭게 접목해야 할 빛나는 유산임에 틀림이 없는 것 같다.

[참고문헌]

김명용. "교회와 국가의 관계에 대한 신학적 해석", 『장신논단』 30, 139-172, 2007.

박경수. 『교회의 신학자 칼뱅』 서울: 대한기독교서회, 2009.

박현숙, "독일제국(1871-1918)의 교회와 국가의 관계 : 비스마르크의 문화투쟁(1871-1887)을 중심으로", 『신학논단』 69, 65-97, 2012.9.

쟝 깔뱅 지음, 황정욱·박경수 옮김. 『칼뱅: 신학논문들』 서울: 두란노아카데미, 2011.

백충현. "16세기 종교개혁과 신학교육 : 깔뱅의 제네바 아카데미의 "신학적 인문학 교육"을 중심으로", 제10회 종교개혁기념학술강좌, 2012. 10. 25.

양금희. 『종교개혁과 교육사상』 서울: 한국장로교출판사, 1999.

최윤배. "개혁 전통에서 교회와 국가의 관계", 『장신논단』 24, 223-247, 2005.

Asheim, Ivar, *Glaube und Erziehung bei Luther*, Ein Beitrag zur Geschichte des Verhaeltnisses von Theologie und Paedagogik, Heidelberg, Quelle&Meyer, 1961.

Calvin, John, *Opera quae supersunt omnia* (Corpus Reformatorum 29-87, Calvini Opera 1-59) eds. G.Baum, E.Cunitz and E. Reuss Braunschweig: Schwetschke, 1863-1900.

Calvin, John, *Institutes of the Christian Religion*, 1559.

Garin. E. *Geschichte und Dokumente der abendiändische Pädagogik. I.* rde 205-206. Reinbek, 1964.

Klaus, Goebel, "luther als Reformer der Schule", ed. by K.Goebel, *Luther in der Schule*, Bochum, 1985.

Hahn, Fr. *Die Evangelische Unterweisung in des Schulen des 16.Jahrhunderts*, Heidelberg, Quelle&Meyer, 1957.

Helmreich, Ernst Christian, *Religionsunterricht in Deutschland, Von den Klosterschulen bis Heute, Hamburg*, Düsseldorf, Furche Verlag, Patmos Verlag, 1966.

Kidd, B. J. *Documents Illustrative of the Continental Reformation*, Oxford, 1911. 'L'Ordre establi' in Thevenaz, Histoire du College de Geneve, 42, 44.

Küchenhoff, W., "Schulaufsicht". *Die Religion in Geschichte und Gegenwart*, Tübinden, Mohr, 1986.

Lohse, Bernhard, *Luthers Theologie*, Goettingen, Vandenhoeck&Ruprecht, 1995.

Luther, M., "Von der weltlicher Obrigkeit", WA 11, 1523.

Luther, M., "An die Ratsherrn aller Staedte deutsches Landes, dass sie christliche Schulen aufrichten und halten sollen", WA, 15, 9-53, 1524.

Luther, M., "Vom Abendmahl Christi Bekenntnis", WA, 26, 1528.

Luther, M. "Eine Predigt, da β man Kinder zur Schule halten solle", WA, 30, II, 508-588, 1530.

Maag, K., *Seminary or University?, The Genevan Academy and Reformed Higher Education, 1560-1620*, Cambridge, University Press, 1995.

Petry, P., "Universität", *Die Religion in Geschichte und Gegenwart*, Tübingen, Paul Siebeck, 1986.

Reid, W. Stanford, "Calvin and the Founding of the Academy of Geneva," *Westminster Theological Journal* Vol.18 No.1 November 1995.

Stoodt, Dieter, *Arbeitsbuch zur Geschichte des evangelischen Religionsunterrichts in Deutschland*, Münster, Comeniusinstitut, 1985.

Wayne House, H. *Christian Ministries and the Law*, Grand Rapids: Baker Book House, 1992.

2장

기독교학교와 교회의 관계에 대한 고찰
: 미국의 기독교학교를 중심으로

강영택 | 우석대학교 교수

기독교학교와 교회의 관계에 대한 고찰 :
미국의 기독교학교를 중심으로[1]

I. 들어가는 말

기독교학교는 대부분 교회와 직·간접적인 관계를 갖는다. 교회가 기독교학교의 설립 주체가 되거나 혹은 운영 주체가 되는 경우가 종종 있다. 또는 교회가 기독교학교를 위한 재정 후원자 역할을 하거나 기독교학교의 필요성을 교인들에게 알려서 교인들로 하여금 기독교학교교육에 참여하도록 격려하는 정신적 후원자 역할을 하기도 한다.

우리나라 기독교학교의 역사에서도 교회는 기독교학교의 설립과 운영에 중요한 역할을 수행해 왔다. 한말 기독교학교 설립에 외국 선교사들뿐 아니라 한국교회들이 매우 적극적이었다. 특히 장로교회의 경우, 1908년 교회수가 897개였는데 교회가 설립하여 운영한 기독교학교의 수가 559개나 되었다(임희국, 2007). 이는 대략 세 교회가 두 학교를 운영한 셈이다. 이러한 전통은 오늘날까지 이어져와서 기독교사립학교의 상당부분은 교단 혹은 개교회와 관계를 맺고

---

1) 이 글은 『기독교교육논총』(2013) 33집, 31-65에 실린 논문을 일부 수정·보완한 것임.

있다. 비교적 독립적으로 설립·운영되고 있는 기독교대안학교들도 2011년 기준으로 42% 정도가 교회가 설립 주체가 되어 있는 실정이다(김지현, 2012).

기독교학교와 교회가 이처럼 밀접한 관계를 갖고 있지만 그 관계의 내용이 구체적으로 무엇인지에 대해서는 잘 알려져 있지 않다. 학교와 교회의 관계가 그 형태에 따라 어떻게 달라지는지, 교회가 학교에 어떤 지원과 개입을 하고 있는지, 지원과 개입의 형태에 따라 학교 운영에 어떤 영향을 주는지 등은 기독교학교 연구에서 탐구해야 할 중요한 연구과제들이다.

최근 들어 우리나라 일부의 기독교대안학교들에서 불거지는 학교와 교회 사이의 갈등의 예들은 아직 역사가 오래되지 않은 기독교대안학교에서 학교와 교회의 관계 설정이 제대로 정립되지 못했음을 보여 준다. 기독교사립학교의 경우도 대부분 학교와 교회의 관계가 매우 소원하여 교회가 학교에 적절한 도움을 제공하지 못하고 있고, 그 결과 많은 기독교사립학교들은 오랫동안 정체의 늪에서 벗어나지 못하고 있는 실정이다. 이러한 우리의 상황을 비추어 볼 때 기독교학교와 교회의 관계에 대한 심도 깊은 논의는 매우 시급하다 할 것이다.

본 연구에서는 기독교학교와 교회의 관계를 탐구하기 위하여 기독교학교의 역사가 오래된 미국의 기독교학교를 연구대상으로 삼고자 한다. 그런데 미국의 기독교학교들은 그 종류에 따라서 학교의 역사와 성격이 다르다. 그러므로 여기서는 미국의 기독교학교들 가운데 대표적인 세 종류의 기독교학교들을 분석하고자 한다.

먼저 미국 기독교학교의 초기 역사를 형성한 루터교 학교와 개혁주의 기독교학교를 살펴보고자 한다. 독일과 화란 등지에서 이주한 루터 교인과 개혁주의 교인에 의해 설립된 이 학교들은 설립 초기인 19세기부터 오늘날까지 자신들의 독특한 전통을 이어오면서 미국 기독교학교의 역사에 중요한 기여를 하고 있다. 그리고 또 하나의 기독교학교는 미국 기독교학교의 부흥기라 할 수 있는 1960-1980년대에 급격하게 성장한 새로운 기독교학교들로서 대부분 근본주의적 혹은 복음주의적 성격을 띠고 있는 교회와 관련된 학교들이다. 본 연구에서는 이들 학교를 근본주의 기독교학교라 명명하고자 한다.[2]

본 연구에서 루터교 학교, 개혁주의 기독교학교, 근본주의 기독교학교를 분석의 대상으로 삼는 것은 이 학교들이 미국 기독교학교의 대표적인 종류일 뿐 아니라[3] 개혁주의 기독교학교와 근본주의 기독교학교는 우리나라 기독교대안학교 생성에 큰 영향을 미쳤다는 사실도 감안되었다. 그리고 무엇보다 이 학교들이 교회와 맺는 관계에서 각각의 특성을 지니고 있기 때문에 다양한 모형들을 제시하여 우리나라 기독교학교들에게 중요한 시사점을 줄 수 있으리라 기대하기 때문이다.

다음 장에서는 미국의 기독교학교와 교회의 관계에 대해 본격적으로 논의하기에 앞서 미국 기독교학교의 역사를 살펴보고자 한다. 세 종류의 미국 기독교학교의 역사에 대한 이해는 학교와 교회와의 관계를 규명하는 데 필수적인 과정이 될 것이다.

---

2) 1960년대 이후 급성장한 새로운 기독교학교 운동의 기독교학교에 대한 명칭이 학자들에 따라 다양하게 사용된다. 교회의 주일학교와 대비하여 기독교주중학교(Christian Day School)라는 명칭이 종종 사용되기도 한다(Carper, 1984). 시킨(Sikkink, 2001)은 이 새로운 기독교학교를 복음주의권, 근본주의권, 오순절권, 카리스마권으로 구분하기도 한다. 그러나 여기서는 이들 보수적 기독교학교의 다수가 근본주의 신앙을 믿는 침례교회와 관계하기 때문에 근본주의 기독교학교라 명명한다. 실제로 많은 기독교학교 관계자들은 스스로를 근본주의 학교라 부르기를 좋아한다(Parsons, 1987).

3) 미국 종교학교에 대한 대표적인 학자인 케이퍼(Carper)와 헌트(Hunt)는 미국 종교학교에 대한 저서를 발간하면서 개신교 학교로는 루터교 학교, 개혁주의 학교(그들은 칼뱅주의 학교라 칭함), 근본주의학교(기독교주중학교라 칭함)를 포함시켰다(Carper&Hunt, 1984).

II. 미국 기독교학교의 역사

미국 학교의 역사는 기독교학교로부터 시작한다. 1635년 설립된 미국 최초의 학교인 '보스턴 라틴 문법 학교(Boston Latin Grammar School)'는 보스턴에 정착한 청교도들이 설립한 학교이다(Kienel, 2005). 이 학교는 청교도 목회자 또는 청교도 학교의 지도자들을 양성하는 데 목적이 있었다. 1850년에 약 6,000개 정도 있던 사립학교(Tuition Academy)들은 대부분 기독교학교들이었다. 1885년 이들 기독교학교에 등록한 학생수는 96,400명이었다. 그런데 1850년을 기점으로 사립학교들은 감소하기 시작하여 1925년에는 1,000여 개의 학교만 남게 되었다(Kienel, 2005). 이 시기 기독교학교가 감소하게 된 결정적인 이유는 공립학교의 급격한 증대 때문이었다. 정부가 지원하는 공립학교가 처음 시작된 1837년 이후 공립학교는 급속도로 성장하여 1925년이 되면 18,000개의 학교가 전 미국 지역에 산재하게 된다.

그런데 이 시기 공립학교는 오늘날의 공립학교와 달리 기독교적 가르침이 밑바탕이 되었다. 학교에서 성경 읽기와 기도와 같은 신앙교육이 정식적으로 이루어지고 있었기에 많은 기독교인들은 별도의 기독교학교의 필요성을 느끼지 못했다. 그래서 감리교, 장로교 등 대부분의 미국 주류교회들은 기독교학교를 별도로 운영하기보다는 공립학교를 지원하는 쪽으로 방향을 잡았다. 단지 예외적으로 독일 이민자들이 중심이 된 루터 교회나 화란 이민자들이 중심이 된 개혁주의 교회는 1800년대부터 자신들의 신앙 전통에 토대한 기독교학교를 설립·운영하고 있었다. 주류교회들이 공립학교 제도를 지지하면서 사용한 교육적 원리를 나타내는 말로 '평행적 기관(parallel institutions)'이 있다. 이 말은 미국의 교회와 (공립)학교가 병존하면서 각자의 교육적 역할을 수행하여 조화로운 관계를 가져왔음을 보여 준다. 즉 학교는 성경 읽기, 기도 등을 포함한 신앙교육을 통해 개신교가 기초가 된 미국적 시민정신을 가르치고 교파를 초월한 기독교의 보편적 가르침을 베푸는 역할을 했다. 반면 교회는 주일학교를 통해 자기교파의 전통과 특수한 가르침을 베푸는 기능을 함으로써 조화를 이룰 수 있었다(Carper&Layman, 1995).

그러다가 1900년대에 들어오면서 미국 사회와 공립학교의 세속화에 위기를 느끼고 있던 보수적 기독교인들은 1960년대 이후 신앙교육을 불허하는 공립학교에 반대하며 기독교학교를 설립하기 시작하였다. 이는 1970년대와 1980년대를 거치면서 폭발적인 성장을 가져왔다. 오늘날 기독교학교와 학생수에 대한 통계가 분명하지는 않지만 쿠퍼(Cooper)와 가간(Gargan, 1996)의 자료에 따르면 1964-1965년에 343,000명 정도였던 기독교학교 학생수가 1989-1990년에는 1,468,000명으로 증가하여 25년만에 4배 이상의 큰 성장을 이루었음을 보여 준다.

미국 교육부의 최근 교육통계센터 자료(National Center for Education Statistics, Private School Universe Survey)에 따르면 2009-2010년 기준으로 사립학교의 학생수가 4,700,119명이었다. 이중에서 카톨릭학교 학생수가 42.8%인 2,009,640명이고, 기독교학교 학생수는 30.7%인 1,443,116명으로 나타났다(US Department of Education, 2012).[4] 미국의 기독교학교를 포함한 사립학교 학생수의 변화 추이를 도표로 나타내면 〈표 1〉과 같이 된다.

---

4) 미국 교육부의 통계는 기독교학교에 대한 다른 자료들, 예를 들어, Cooper&Gargan(1996) 등에 비해 대체로 학생수가 적게 나타나고 있다.

	1989-1990		2009-2010	
	학교수 (%)	학생수 (%)	학교수 (%)	학생수 (%)
사립학교	26,712(100.0)	4,838,497(100.0)	33,366(100.0)	4,700,119(100.0)
가톨릭학교	9,051(33.9)	2,637,473(54.5)	7,115(21.3)	2,009,640(42.8)
기독교학교	10,964(41.0)	1,400,527(28.9)	13,520(40.5)	1,443,116(30.7)
루터교 학교	1,680	211,158	1,627	171,395
개혁주의 학교	401	97,225	324	74,667
기타 종교계 학교	1,906(7.1)	160,964((3.3)	2,096(6.3)	308,895(6.6)
비종교계 사립학교	4,791(17.9)	639,533(13.2)	10,635(31.9)	938,467(20.0)

자료 출처 : 미국 교육부의 교육통계센터 자료(National Center for Education Statistics, Private School Universe Survey)

1. 루터교 학교의 역사

독일에서부터 미국으로 이민 온 루터 교인들은 종교개혁가 루터(Martin Luther)의 사상을 이어받아 교육을 매우 중요하게 여기는 전통을 갖고 있었다. 미국에 도착한 그들은 1752년, 뉴욕에 첫 루터교 학교인 St. Matthew Lutheran School을 세운 이래 꾸준히 교회와 함께 학교를 설립하여 운영하였다(http://en.wikipedia.org/wiki/Lutheran_school). 미국 루터교의 초기인 1820년에는 루터교 교회가 700개였는데, 루터교 학교는 342개나 되었다(Diefenthaler, 1984). 특히 1847년 기독교교육에 큰 관심과 열정을 가졌던 미주리 루터교단(Lutheran Church–Missouri Synod)이 창립되면서 미주리 루터교회는 각 교회마다 학교를

---

5) 이 표는 미국 교육부의 교육통계센터 자료(National Center for Education Statistics, Private School Universe Survey)를 근거로 필자가 계산하여 작성한 것이다. 기타 종교계학교에는 1989-1990, 유대교 학교와 안식교 학교가, 2009-2010에는 여기에 이슬람 학교가 더 포함되었다. 개혁주의 학교의 1989-1990 통계는 2001년 통계이다.

하나씩 운영하는 것을 목표로 삼고 이를 실천하였다. 그리하여 교단 창립 후 25년이 지난 1872년에는 교회가 12개에서 445개로, 학교는 14개에서 472개로 증가하였고, 학생수는 30,000명이 넘게 되었다. 즉 각 교회마다 한 개 이상의 학교를 운영할 만큼 기독교교육에 적극적인 모습을 보여 주었다.

그러나 계속적인 성장을 하던 루터교 학교는 19세기 말에서 20세기 초에 들어서 어려운 시련의 시기를 맞이하게 된다. 이 당시 독일에서 미국으로 이민 온 자들은 종교적인 이유보다 정치적, 경제적인 이유로 이주해 온 자들이 더 많았기에 그들은 기독교학교 운동에 덜 적극적이었다. 그리고 1890년대부터 제정되기 시작한 이민자들을 미국화하려는 미국의 법률들로 인해 루터교 학교를 비롯한 종교계 학교들이 어려움을 겪게 되었다.[6] 또한 공립학교 체제가 확립되면서 공립학교가 미국 전역에 급속하게 확산되자 종교계 학교들이 위축되었다. 세계 1차대전에서 독일이 미국의 적국이 된 것도 루터교 학교가 어려움을 겪는 이유가 되기도 하였다. 이러한 힘든 시기를 거치면서도 루터교회는 기독교교육의 중요성을 포기하지 않고 지속적으로 지원하여 오늘날 미국의 대표적인 기독교학교로 자리잡았다. 1982년에는 미주리 루터교단의 2,800,000명의 교인들이 1,584개의 초등학교와 61개의 고등학교를 지원하고 있고, 그곳에 177,171명의 학생이 다니고 있다(Diefenthaler, 1984). 미주리 루터 교단과 함께 기독교학교에 적극적인 위스콘신복음주의 루터교회(Wisconsin Evangelical Lutheran Synod)는 400,000명의 교인에 30,833명의 학생이 다니고 있는 374개의 학교를 지원하고 있다. 이들 교단에 비해 기독교학교에 덜 적극적인 미국 루터교회(American Lutheran Church)의 경우, 교인이 2,500,000명이 있지만 375개의 학교를 지원하고,

---

6) 예를 들어, 베네트 법(Bennett Law)은 교과교육을 이민자들의 모국어가 아닌 영어로 하도록 규정했고, 에드워드 법(Edward Law)은 7세부터 14세까지의 학생은 강제로 일 년에 16주 동안을 공립학교에 다니도록 했다.

그곳에 31,284명의 학생만이 다니고 있다(Diefenthaler, 1984). 오랫동안 지속적인 증가세를 보이던 루터교 학교는 최근 들어 감소세를 보인다. 1999-2000년에 222,695명에 이르던 루터교 학교 학생수는 10년 후인 2009-2010년에는 171,395명으로 줄어들었다(US Department of Education, 2012).

루터교회는 루터교 학교를 통해 자기 교회의 자녀들을 교육시키고자 했다. 특히 루터교의 신념과 교리를 보존하고 가르치는 일은 초기 루터교 학교의 가장 중요한 목적이었다. 또한 루터교 학교는 하나님께서 아이들에게 주신 재능을 개발하여 학생들이 교회와 국가를 위해 봉사할 수 있도록 교육시키는 일을 주요 목표로 삼았다. 이를 위해 다양한 교과를 가르치되 종교적 진리와 부합하도록 가르치는 것을 중요하게 생각했다. 그래서 루터교 학교에서 사용할 교재를 발간할 출판사인 Concordia Publishing House를 1869년에 설립하였다. 또한 기독교학교 교사의 중요성을 인식하고 교사 양성을 위한 학교를 1855년에 처음 설립하였고, 이 학교가 발전하여 Concordia 교사대학으로 되었다. 오늘날 미주리 루터교단이 운영하는 대학만 해도 10개에 이르고 있다. 루터교회는 일찍부터 교단 산하에 학교위원회(School Commission)를 두고 루터교 학교에 대한 지원을 체계적으로 하고 있다. 1920년에는 이 위원회에 전임 사역자를 별도로 두고 학교의 행정을 책임지도록 했다(Schmidt, 2001).

그런데 1970년대 이후 현재까지 루터교 학교의 두드러지는 특징 가운데 하나가 학생 구성원의 변화이다. 즉 초기 루터교 학교에는 루터교회의 자녀들이 대다수였다. 이런 추세가 점점 변화되어 1972년에는 학생들 가운데 루터 교인의 자녀가 아닌 학생들이 26%나 되었고, 1982년에는 40.6%가 비루터 교인이고, 그 중에 9.1%는 교회를 다니지 않는 학생들도 포함되어 있다. 이러한 학교 구성원들의 변화 앞에 루터교 학교는 학교의 정체성을 어떻게 가져갈 것인지에 대한 고민 가운데 있다(Diefenthaler, 1984).

2. 개혁주의 기독교학교의 역사

개혁주의 기독교학교는 칼뱅주의 기독교학교라 불리기도 한다(Oppewal&
DeBoer, 1984). 이 말은 개혁주의 기독교학교의 뿌리가 16세기 종교개혁가 칼뱅
(John Calvin)에 닿아 있음을 나타낸다. 그러나 미국 개혁주의 기독교학교는 칼
뱅의 교육사상으로부터 직접 영향을 받았다기보다는 화란의 신칼뱅주의(Neo-
Calvinism) 신학자들, 그중에서도 특히 아브라함 카이퍼(Abraham Kuyper)의 영향
을 크게 받았다. 화란에서 미국으로 이민 온 개혁주의 기독교인들은 1856년 미
시간에 최초의 작은 개혁주의 기독교학교를 설립하였다. 이 학교는 교회가 설
립한 교구 학교의 성격을 가졌다. 1857년 기독교개혁교회(CRC)라는 교단이 설
립되었지만 기독교학교의 설립에는 소극적이었다. 교단 창립 30년이 지난 1886
년에는 6개의 기독교학교에 학생은 471명만이 등록하고 있었다. 대개 이들 교
구 학교들이 강조한 교육은 칼뱅주의 교리교육과 화란어 교육이었다(Van Brum-
melen, 1986).

19세기 말부터 아브라함 카이퍼의 사상에 영향을 받은 새로운 이민자들이
화란에서 미국에 대거 들어오게 되고, 이들에 의해 기독교학교 운동은 활력을
찾게 되었다. 새로운 기독교학교의 지도자들은 화란의 기독교학교에서 교육을
받은 자들로 교리교육이라는 좁은 틀에서 벗어나서 미국 사회의 유능한 기독
교 시민으로 살아가도록 교육하는 것을 기독교학교의 목표로 삼고자 했다. 또
한 그들은 카이퍼의 영향으로 영역 주권(sphere sovereignty)의 원리에 따라 기독
교학교가 국가나 교회의 통제로부터 벗어나야 한다고 주장하였다. 이 시기 개혁

주의 기독교학교의 성장이 급격이 일어나 1890년에 15개 학교에 1,482명의 학생이 등록했는데, 30년이 지난 1920년에는 80개의 학교에 10,980명의 학생이 다닌 것으로 나타났다. 이런 학생수는 당시 개혁교회에 다니던 자녀들 가운데 52%에 해당할 만큼 많은 숫자였다(Van Brummelen, 1986).

1892년 기독교개혁교회(CRC) 총회는 기독교학교 지도자들의 주장을 받아들여 기독교교육을 보다 적극적으로 후원하기 위하여 교회 밖의 전문적인 조직이 필요함을 인정하였다. 그래서 개혁주의 신앙에 기초한 '기독교교육협회(Society of Christian Education)'를 조직하였고, 이 협회의 지원 하에 기독교학교들이 생겨나면서 지역별로 연합회를 구성하였다. 이들이 1920년 기독교학교 전국조합(National Union of Christian Schools)을 결성하게 되었다. 이 조합은 교회와 관련된 조직이 아니라 학교 구성원들의 조합이라는 면에서 중요한 의미가 있다. 즉 개혁주의 기독교학교는 미국의 종교계 학교로서는 독특하게 교회 통제가 아닌 부모 혹은 시민 통제의 학교임을 분명하게 드러낸 셈이다(Oppewal&DeBoer,1984).

기독교학교 전국조합은 개혁주의 기독교학교 교사들을 위한 연금플랜을 제공하고 교사들에게 필요한 다양한 자료들을 제작하여 제공하였다. 기독교 개혁교회(CRC)의 대학인 칼뱅대학교와 협력하여 교사교육을 실시하여 개혁주의 학교들에게 도움을 주기도 하였다. 기독교학교 전국조합은 1979년에 캐나다 등에 있는 개혁주의 기독교학교들을 조직에 포함시키기 위하여 이름을 국제기독교학교(Christian School International)로 바꾸고 미국 외 지역에서의 개혁주의 기독교학교의 발전을 위해서도 노력을 한다. 오늘날 국제기독교학교(CSI)에 가입되어 있는 미국 개혁주의 기독교학교는 2009-2010년 기준으로 학교수 324개, 학생수 74,667명이 재학 중인 것으로 조사되고 있다(U.S. Department of Education, 2012).

최근 들어 다른 기독교학교와 마찬가지로 개혁주의 기독교학교에도 많은 변화가 나타나고 있다. 학생 구성원의 성격이 다양해지고, 개혁교회 교인들 가운데서도 기독교학교 후원에 대한 생각이 달라서 갈등이 나타나기도 한다. 즉 이전 개혁주의 학교에는 개혁교회 교인 자녀들이 대부분이었지만 지금은 다른 배경의 학생들이 다수를 차지하고 있고, 지역교회의 재정적인 어려움으로 기독교학교의 재정 지원에 대해 주저하는 교회가 있어 어려움을 겪기도 한다. 이러한 상황에서 기독교개혁교회(CRC)는 2001년 '기독교학교 연구위원회'를 위촉하여 교단교회와 개혁주의 기독교학교의 관계에 대해 연구하게 하였고, 2003년과 2005년 교단총회에서 연구위원회의 보고서를 채택하였다. 2005년 기독교개혁교회 총회에 보고된 "기독교학교에 대한 연구보고서"에 따르면 개혁주의 기독교학교의 기본적 토대는 개혁신앙의 핵심이 되는 '언약'과 '하나님 나라'이고 여기에 '선교'가 새롭게 추가됨을 확인하였다(CRC, 2005). 그리고 이 세 가지 토대에 기초하여 교단 산하 교회들은 변화하는 기독교학교 구성원들의 성격과 지역교회의 어려운 상황에도 불구하고 지속적으로 기독교학교에 대한 영적, 재정적인 지원을 하도록 촉구하고 있다(CRC, 2003; 2005).

개혁교회는 언약신앙에 따라 자녀교육의 책임을 일차적으로 가정에 두고 있고, 나아가 교회공동체가 책임을 공유한다고 가르친다. 그래서 가정과 교회공동체는 협력하여 자녀들을 세상에서 하나님 나라의 시민으로 살아가도록 교육시킬 의무를 갖는다. 그 교육적 책무성을 효과적으로 수행하기 위하여 기독교학교가 필요하고, 기독교학교에서는 하나님 나라 관점으로 모든 교과 지식을 이해하고 탐구하여 하나님 나라의 증인으로 살도록 교육할 것을 목표로 한다는 것이다(강영택, 2012).

3. 근본주의 기독교학교의 역사

남북전쟁 이후 1800년대 중후반 미국 사회의 변화를 세속화로 보고, 공립학교를 위한 세금 사용을 거부하고, 자체적인 종교학교의 필요성을 주장하는 사람들이 보수적인 침례교도 가운데 다수 있었다(Leonard, 1997). 그러나 근본주의 기독교학교가 미국 사회에 본격적으로 등장하게 된 시기는 1960년대부터이다. 1800년대까지 기독교적 가치가 비교적 잘 전승되던 전통적 미국 사회가 1900년대에 접어들어 계몽주의 이념의 발흥으로 세속주의의 영향력이 증대되면서 기독교가 미국 사회에서 문화를 형성하는 힘으로 작용하지 못하게 되었다(Randall, 1994). 그리고 19세기 말부터 급격하게 증가한 이민자들과 함께 유입된 다양한 종교와 문화의 영향과 20세기 중반부터 강화된 인권 운동의 영향 등으로 미국 사회가 급격히 다종교사회 혹 탈종교사회로 변화하게 되었다. 이러한 사회적 변화에 위기의식을 느끼고 있던 보수적인 교회와 기독교인들은 1962년과 1963년에 학교에서 성경 읽기와 기도를 공식적으로 금지하는 대법원의 판결에 반발하여 독자적인 학교를 본격적으로 설립, 운영하기 시작하였다. 그들은 당시의 사회적 변화를 심각하게 받아들여 "먼저 교회에서의 근대주의(modernism)와 싸우고, 다음 진화론적 과학에서의 회의주의(skepticism)와 싸우고, 그리고 나서 공립학교의 휴머니즘과 또한 정치에서의 자유주의와 싸우는" 중요한 방법으로써 기독교학교 운동을 시작하였다(Parsons, 1987, 12).[7] 그러므로 이들에게

---

7) 1960-70년대 기독교학교 운동이 인종 통합 정책에 반발한 보수적 기독교인들의 인종주의적 가치관의 표출이라고 비판을 받기도 한다. 그러나 인종분리는 초기 소수의 기독교학교에서 나타나는 현상이었고, 다수의 기독교학교에서는 인종주의가 중요한 요소로 작용하지 않았다(Parsons, 1987; Skerry, 1980; Wagner, 1990). 1980년대 초 미국의 전체 사립학교 수가 22,000개인데, 약 200개 정도의 사립학교에서 인종분리적 모습이 나타났다는 조사가 있다(Manville, 1982).

기독교학교 운동은 "세속화된 휴머니즘"이 종교가 된 미국 사회와 문화에 대한 거부이며, 기독교적 가치가 기반이 되었던 전통적인 사회와 문화로의 복귀를 위한 과정으로 이해되었다(Wagner, 1990). 근본주의 기독교학교는 미국의 학교 역사에서 유례를 찾기 어려울 만큼 빠른 성장을 이루었다. 1964-1965년에 10,300명에 불과하던 학생수가 30년 후인 1993-1994년에는 957,469명으로 90배 이상의 증가를 보여 주었다(Cooper&Gargan, 1996).

이 기독교학교 운동에 적극 참여했던 보수적인 기독교인 가운데 다수가 근본주의 기독교인이었다. 기독교 근본주의는 성경의 무오성을 기반으로 하여 성경에 대한 문자적 해석을 중시하고 이에 기초한 기독교교리를 매우 강조한다. 세속화된 사회로부터의 분리를 중시하면서도 사람들의 영적 구원을 위해 전도에 매진한다. 근본주의 기독교학교는 이러한 근본주의적 성격이 오롯이 담겨 있다. 이들 학교의 교육적 활동의 중심에 예수 그리스도와 성경이 있다고 학교 관계자들은 말한다. 교육과정에는 예배와 성경시간 등과 같은 종교활동을 중시할 뿐 아니라 공립학교와 유사한 교과목을 가르치지만 교과목을 보수적인 "기독교적 관점"으로 가르치려고 노력한다. 창조론적 관점으로 과학을 가르치고, 교회사를 역사의 중요한 부분으로 가르친다. 교과목에 대한 기독교적 관점에서의 교육과 더불어 도덕교육을 매우 중시하는 것도 근본주의 기독교학교의 특징이다(Carper, 1984; Peshkin, 1986). 도덕교육은 권위에 대한 순종, 단정한 옷차림, 금연, 금주 등 개인적인 윤리를 강조하는 경향이 강하다. 생활에 대한 엄격한 규율은 학교 안에서뿐 아니라 학교 밖에서도 적용되어 총체적 기관(total institution)으로서의 모습을 보여 준다(Peshkin, 1986).[8] 학교 안팎에서 기독교적 관점과 엄

---

8) 총체적기관(total institution)이란 고프먼(Goffman)이 처음 제시한 개념으로 "특정 상황에 있는 많은 사람들이 일정기간 동안 외부 사회와 차단된 채 폐쇄적이고 공식으로 운영되는 생활을 함께 영위하는 거주와 일의 장소"라고 정의된다(Peshkin, 1986, 261).

격한 규율에 따른 생활이 이루어지도록 학교는 가정과 교회와 긴밀하게 협조하여 일관된 교육을 시도하려고 노력한다.

세속적 교육과 다른 기독교적 관점의 교육을 원하는 근본주의 기독교학교들에서는 어쩔 수 없이 공립학교에서 사용하는 교재를 사용하기도 하지만 가능한 독자적인 교재를 사용하려고 노력한다. 그래서 종종 사용하는 교재 가운데 교사의 도움을 많이 필요하지 않는 자기주도 학습용 기독교교육과정인 Accelerated Christian Education의 교육과정이 있고, 그리고 근본주의 신앙의 성격이 강한 Bob Johns 대학 출판부, A Beka 출판사, Alpha-Omega 출판사 등에서 발간한 교재들을 사용하기도 한다.

근본주의 기독교학교는 학교의 시설, 규모, 인종 구성, 교육과정 등에서 매우 다양하다. 조그만 교회의 지하실에서부터 현대식 빌딩의 캠퍼스를 갖기도 하고, 10명이 다니는 작은 학교에서부터 2,000명이 넘는 대규모의 학교도 있다. 평균적으로 150-200여 명의 학생이 다니고 있는 것으로 보인다(Carper&Layman, 1995; Reese, 1986). 어떤 학교는 거의 백인 학생만 있기도 하고, 어떤 학교는 유색인종 중심이기도 하다. 그러나 최근에는 대체로 다양한 인종의 학생들을 유치하기 위해 노력을 기울이고 있다.

근본주의 기독교학교들은 ACE(Accelerated Christian Education), AACS(American Association of Christian School), ACSI(Association of Christian School International) 등의 단체에 소속되어 교육자료를 공급받거나 연합활동을 한다. 2009-2010년 기준으로 ACE에 가입한 학교의 학생수는 38,647명이고, AACS에 가입한 학교의 학생수는 77,343명이고, ACSI에 가입한 학교의 학생수는 537,502명이다. 그러나 이들 학교연합조직에 가입하지 않은 근본주의 기독교가 다수 있을 것이라 추측된다.[9]

---

9) 노르디앙(Nordian)와 터너(Turner, 1980)에 따르면 켄터키 주의 72%, 위시칸신 주의 50%의 기독교학교들은 이들 기독교학교 조직에 가입하지 않고 있다고 한다(Peshkin, 1986, 318-319).

III. 미국의 기독교학교와 교회의 관계

1. 루터교회와 기독교학교의 관계

루터교에서 교회와 기독교학교와는 매우 밀접한 관계를 맺고 있다. 이 관계성에 대한 신학적 기초에는 루터의 '두 나라/영역' 사상이 있다. 루터는 세계를 하늘 왕국(heavenly kingdom)인 '영적 나라'와 땅의 왕국(earthly kingdom)인 '세속 나라'로 구분하고, 하나님이 두 나라 모두를 다스린다고 하였다. 인간에 대한 구원이 하나님의 은혜에 의해 이루어지고 성령이 다스리는 영적 나라는 교회에서 나타난다고 보았다. 세속 나라는 태초에 하나님에 의해 창조되었지만 죄로 말미암아 훼손되었다. 그러나 하나님의 재창조에 의해 마지막 날에 구원받기 위해 대기 중에 있다고 했다. 하나님께서는 정부와 같은 기관을 통해 세속 나라를 보존하고 유지시킨다고 하였다(Solberg, 1997).

그리스도인은 영적 나라와 세속 나라에 모두 속해 있기 때문에 그 나라들에서 하나님의 질서가 구현되도록 노력해야 하고 이를 준비시키는 것이 교육이라 하였다. 즉 교육은 영적 나라와 세속 나라의 존립과 보존을 위해 반드시 필요한 인간활동인 것이다. 루터는 그의 유명한 교육설교인 "자녀들을 학교에 다니게 하라"는 설교에서 사탄의 가장 큰 계략이 자녀를 학교에 다니지 못하게 해서 미래에 교회와 국가가 혼란에 빠지게 만드는 것이라 경고하고 있다(Luther, 1530). 그러므로 학교는 영적 나라를 위해 말씀을 선포할 신학자와 목사를 양성할 교육을 해야 하는 동시에 세속 나라에서 인간 사회를 하나님이 의도한 바대로 만들어갈 수 있도록 상식과 시민적 책무성을 갖춘 학생들을 교육시키는 장이 되어야 한다고 했다.

루터는 교육이 두 나라 모두를 위해 필요하기 때문에 학교 운영의 주체를 교회보다는 국가로 하는 것이 타당하다고 생각하였다. 루터 당시 대부분 학교들이 교회에 의해 운영되었고, 학교는 교회의 성직자를 양성하는 것을 중요한 사명으로 삼았기 때문에 루터는 학교가 영적 나라를 위해서만 기능한다고 보았다. 그래서 학교를 국가가 운영하는 것이 영적 나라를 위한 목회자 양성과 세속 나라를 위한 시민교육과 국가에 필요한 법률가, 공무원, 의사 등을 배출하기에 유리하다고 보았다(양금희, 1999).[10] 루터는 이러한 생각을 토대로 "시의원에게 주는 글"을 통해 정부가 학교를 설립, 지원하도록 요청하였고, 당시 막데부르크, 노르드하우젠, 고타 등 독일의 많은 도시들에 정부에 의해 학교들이 세워졌다. 이는 독일의 공교육의 모델이 되기도 하였다.

국가 주도의 학교에서 교회의 사역자와 교양 있는 시민을 동시에 양성할 수 있었던 것은 당시 독일의 독특한 상황에 힘입은 바가 크다. 즉 종교개혁 이후 독일은 각 주마다 영주의 신앙에 따라 모두가 같은 신앙을 갖게 됨으로 종교와 정치가 분리되지 않았다. 그러므로 교회는 국가교회였고, 학교는 자연스럽게 기독교학교였다(양금희, 1999, 67). 그래서 학교에서는 언어와 일곱 개의 자유교과(문법, 수사학, 변증법, 기하학, 수학, 천문학, 음악)와 역사를 주요 교육과정으로 삼았지만 무엇보다 가장 중요하게 가르친 것은 성경과 교리문답이었다.

그런데 미국의 루터교 학교는 유럽의 루터교 학교와는 다른 특징을 갖는다. 미국은 종교와 정치의 분리를 처음부터 중요하게 천명한 사회였기에 국가 주도의 학교에서 루터교 신앙과 교리를 가르치는 것은 불가능했다. 그러므로 18세기 중엽 독일에서 미국으로 이민 온 루터교도들은 처음부터 교회와 함께 학교를 설립

---

10) 루터가 학교 운영의 주체를 교회에서 국가로의 전이를 주장한 데에는 당시의 특수한 상황도 작용했다고 할 수 있다. 즉 당시 학교를 소유하고 운영하던 가톨릭교회와 결별하면서 학교를 롭게 지원해 줄 기관이 필요했다(양금희, 1999, 63).

하였고, 학교를 교회가 운영하도록 하였다. 그들이 정착한 지역마다 지역교회는 학교를 세울 뿐 아니라 재정적인 후원을 하고, 나아가 학교행정의 중요한 의사결정에 참여하였다. 특히 교회의 교인들이 학교 교사를 채용하고 계약을 맺었기 때문에 교사들은 학교와 교회에 동시에 책무성을 지니게 되었다. 교사들은 학교에서 학생들을 가르치는 일뿐 아니라 교회에서 아이들에게 교리교육을 시키고 성가대원으로 봉사하는 등 여러 가지 일들을 하도록 요구받기도 했다(Solberg, 1997).

루터교회의 교단이 만들어지면서부터 기독교학교에 대한 지원이 보다 체계적으로 이루어졌다. 오늘날 대표적인 루터교단인 미주리 루터교단(LCMS)은 창립시기인 1847년부터 교단 헌법에 기독교학교의 중요성과 지원에 대해 명시하고 있다. 교단 헌법은 교단 교회의 교인들에게 기독교학교교육을 자녀들에게 시킬 것을 요구하고 있다. 그리고 진실된 믿음을 가르치기 위해 학교 교재 발간의 중요성과 교사의 중요성을 언급하고 있다. 특히 루터교 학교의 교사는 학생들에게 올바른 신앙과 루터 교리에 부합하는 지식을 가르쳐야 하므로 분명한 신앙고백과 성경과 교리지식을 갖도록 요구되었다. 루터교 학교의 교사는 루터 교단의 사역자로서 교회의 목회자와 비슷한 업무를 수행하였다. 그래서 교단 차원의 감독이나 혹은 교구교회 목사의 감독을 받았다(Schmidt, 2001, 54-63). 교사 양성의 중요성이 강조되어 1800년대 중반에 이미 루터교 학교의 교사 양성 프로그램이 만들어졌고, 곧이어 교사 양성 대학이 설립되어 운영되었다. 오늘날 루터교 학교의 교사들 대부분은 루터교에서 운영하는 대학에서 교육받은 자들이다.

미국 루터교 학교는 학교의 운영 주체가 유럽 루터교 학교와 다를 뿐 아니라 학교의 사명도 조금 차이가 있다. 유럽의 루터의 영향 하에 학교는 세상에서의 정의와 평화를 증진시키는 교육 목적과 진리 인식의 주체로서 개인을 강조하여 당시 유럽 대학의 세 가지 토대라 할 수 있는 학문적, 경건주의적, 비판적 정신을 확립할 수 있었다. 그러나 18세기 유럽에서 미국으로 이민 온 루터교도들은 주로 농부들이 중심이 되면서 비판적 정신이 약화되고 경건주의적 성격이 학교의 핵심가치가 되었다(Solberg, 1997). 그래서 미국 루터교 학교에서는 루터교의 신앙과 교리교육을 중요한 교육내용으로 삼았고, 루터교 대학은 루터교회의 목회자 양성을 주목적으로 하게 되었다.

미국에서의 루터교 학교는 역사 초기부터 지금까지 교구 학교로서의 성격을 뚜렷이 보여 준다. 교구 학교로서의 루터교 학교들은 자연스럽게 지역교회와 매우 밀접하게 연결되어 있다. 루터교 학교의 주요 교육 목표가 교회의 어린이들을 잘 교육시켜 교회의 훌륭한 구성원이 되게 하는 것이다. 그래서 루터교 학교의 교육과정에는 루터교에서 중요하게 여기는 성찬의식 참여를 위한 준비과정이 포함되어 있다. 그리고 교회의 교인들에게는 학비의 상당부분을 감면해 주는 혜택을 주기도 한다(Sikkink, 2001).

2. 개혁주의 교회와 기독교학교의 관계

학교의 운영 주체와 관련하여 미국 개혁주의 기독교학교의 중요한 신학적 토대에는 언약사상과 영역주권론이 있다(Oppewal&DeBoer, 1986). 언약사상은 하나님께서 성도와 그 자녀에게 주신 사랑의 약속을 근거로 부모가 자녀를 하나님의 백성으로 살아가도록 양육하고 교육할 책무성을 갖게 한다. 그런데 언약은 하나님께서 하나님의 백성들, 즉 교회공동체와 맺은 것으로 볼 수 있기 때문에 자녀교육에 대한 책임을 교회공동체도 함께 진다고 할 수 있다(CRC, 2005). 그러므로 언약사상에 토대를 둔 교회공동체는 기독교학교를 설립하여 교회의 자녀들에게 기독교적 교육을 받을 수 있는 기회를 제공할 의무가 있다. 그런데 학교의 운영에서는 교회가 직접 관여하기보다는 학부모가 중심이 되어 운영하는 것이 부모의 일차적 양육 책임을 규정하는 언약사상에 더욱 부합하다고 본다.

영역주권론이란 개혁주의 신학의 핵심이 되는 '하나님의 주권론'에서 파생된 이론이다(Oppewal&DeBoer, 1986). 교육을 포함한 세상의 모든 영역에서 하나님의 통치가 이루어져야 하고, 하나님의 통치는 세상의 다양한 영역에서 각 영역에 부합하는 창조의 원리에 따라 이루어져야 한다는 것이다. 학교의 영역은 국가나 교회의 영역과 다르기 때문에 국가가 학교를 통제하거나 교회가 학교를 통제하는 것은 영역주권론의 원리에 맞지 않다고 본다. 그러므로 영역주권론에 따르면 기독교학교는 국가나 교회가 아닌 학부모 중심의 시민들에 의해 운영되는 것이 바람직하다는 것이다(Oppewal&DeBoer, 1986). 이처럼 개혁주의 기독교학교는 언약사상과 영역주권론에 기초하여 학부모 중심의 학교 운영을 오랫동안 유지하고 있다.

이러한 특징은 기독교학교의 실제 모습에서도 잘 나타난다. 먼저, 개혁주의 기독교학교의 연합조직인 국제기독교학교(CSI) 홈페이지에 학교들이 고백하는 기독교교육에 대한 원리 가운데에는 부모가 그들 자녀교육에 대한 궁극적 책임을 지며 자녀가 하나님과 세상을 보는 바른 세계관을 갖도록 부모가 지도해야 한다고 적고 있다. 또한 역사가 오래되고 대표적인 개혁주의 기독교학교인 Grand Rapids Christian Schools(GRCS)의 정관에는 자녀교육에 대한 책임을 다음과 같이 명시하고 있다.

> 자녀교육에 대한 권한과 책임은 그 자녀의 부모나 보호자에게 있고 국가나 교회에 있지 않다. 그러나 부모는 하나님께서 자신에게 준 교육적 권한을 그들을 대신하여 유능하게 수행할 수 있는 사람들에게 위임할 수 있다.…(중략)…기독교인 부모들은 그들의 교육적 권한을 위임할 때 자녀들을 위해 기독교교육을 실시하는 기관에 위임해야 한다(GRCS, 2010).

이러한 개혁주의 기독교학교와 교회의 관계는 미국의 종교계 학교에서 일반적으로 발견되는 모습과는 상당히 다르다. 대개 교회가 기독교학교를 설립하고 운영하는 것이 일반적인 경우인데 비해 개혁주의 기독교학교는 학교와 교회의 관계가 분리되고 독립되어 있다. 학교는 학부모가 중심이 되는 학교이사회에 의해 운영된다.

이러한 학교의 성격이 개혁주의 학교 초기부터 있어온 것은 아니다. 미국에 개혁주의 기독교학교가 처음 생긴 1856년부터 1880년대까지는 개혁주의 기독교학교도 교구 학교의 성격을 가져서 그 교회에 다니는 자녀들에게 교리교육과 모국어인 화란어 교육을 집중적으로 실시하였다. 그래서 교회가 학교 운영의 주체로서의 역할을 수행하였다. 그러다가 1880년대 말 이후 카이퍼의 영향을 받은 기독교학교 지도자들에 의해 기독교학교 운영의 자주성이 강조되었다. 즉 학교 운영에 교회 대신 학부모가 주도적인 역할을 하게 된 것이다. 교인들 가운데 일부가 학교이사회의 위원으로 참가하게 되고 학부모가 중심이 된 이사회가 교회로부터 독립하여 학교를 운영하게 되었다.

기독교학교가 교회로부터 독립하였다고 해서 교회와 무관하게 운영되는 것은 아니다. 교회는 개혁주의 기독교학교의 가장 중요한 영적, 재정적 후원자이다. 교회는 지역교회와 교단 차원에서 기독교학교의 설립과 운영을 강조하고 지원한다. 교회는 기독교학교를 통한 교육이 개혁주의 신앙의 본질임을 교인들에게 지속적으로 가르치고, 자녀를 기독교학교에 보내도록 권면한다. 개혁교회에서 세례의식은 자녀에 대한 하나님의 언약을 상기하고 교인 모두가 교회공동체의 자녀들에 대한 기독교교육의 책임을 다짐하는 의식으로 치러진다. 이러한 책임을 수행하기 위해 각 지역교회는 예산 편성 시 기독교학교교육을 위한 예산을 편성하여 교인의 자녀가 기독교학교에 다닐 수 있도록 학비를 보조한다.

1950년대에는 기독교학교 등록금의 1/3 이상을 교회가 부담하였지만, 최근 교회 지출 비율이 줄어들어 경제적으로 어려운 가정 학생들이 기독교학교교육을 받는 데 어려움을 호소하기도 한다(CRC, 2003).

오늘날 개혁주의 기독교학교가 운영되는 모습은 학교들마다 차이가 있다. 미시간 주 Grand Rapids에 있는 개혁주의 학교 연합체인 Grand Rapids Christian Schools(GRCS)의 경우를 살펴보면 다음과 같다. 학교연합체 산하에 교사심의회와 행정가심의회가 있어 교육과 학교행정에 관한 일을 책임지고 수행하게 된다. 그러나 이들을 지원하고 감독하는 일은 이사회가 한다. 학교연합체(GRCA)의 최고 의결기구인 이사회는 소속 학교의 학부모나 정기후원자 가운데 개혁주의 신앙고백이 분명하고 기독교교육에 헌신된 자들이 선출된다. 이사회는 그 산하에 집행위원회, 지명위원회, 재정/운영위원회, 교육위원회 등을 두고 인사, 재정, 교사 개발, 교육 프로그램 등 학교 운영에 대한 전반적인 부분에서 연구, 조언, 감독의 역할을 수행한다(GRCS Policy Handbook). 물론 지역의 교회들은 학교 운영에 직접 관여하지 않고 정신적, 물질적 후원의 역할을 한다.

인디아나 주에 위치한 개혁주의 기독교학교(Reformed Christian School)는 GRCS와는 다른 모습을 보여 준다. 그 학교 역시 교회와 독립된 이사회에 의해 학교가 운영되는데 그 지역의 다양한 교회의 목회자들이 이사가 된다는 점이 특징이다. 그래서 그 학교에는 지역 인근에 있는 50개 이상의 다양한 배경의 교회에 출석하는 학생 150명 정도가 다니고 있다. 이처럼 학교 이사들의 다양성으로 인해 학교는 개혁주의적 전통을 강조하는 대신 보다 광범위한 기독교적 관점의 교육을 실시하려고 노력한다. 그리고 이 학교는 개인이 독특하게 창조되었다는 성경적 가르침을 중시 여겨 모든 학생의 재능을 개발시켜 주려는 평등주의 교육을 강조하기도 한다(Sikkink, 2001).

3. 근본주의 교회와 기독교학교의 관계

자녀교육에 대한 부모의 우선적 책임과 권리가 성경적 가르침이라는 믿음과 국가와 교회의 분리에 대한 전통적인 믿음이 기독교학교에 참여하는 근본주의 기독교인의 중요한 신념체계이다. 이 신념체계를 토대로 근본주의 기독교학교 관계자들은 국가가 교육에 대한 책임을 질 것이 아니라 부모들이 교육에 대한 책임을 져야 한다고 주장한다. 그러므로 근본주의 기독교학교에서 가장 중요한 이슈는 '학교교육의 통제권을 누가 갖는가' 하는 점이다. 기독교학교 참여자들은 학교교육에 대한 국가의 규제와 간섭을 반대하고 학부모의 적극적인 개입과 참여를 중시한다. 그리고 많은 근본주의 기독교학교 지도자들은 학부모와 교회의 구분에 대해서는 생각하지 않고 학교를 교회의 사역 중 일부로 이해한다(Chadwick, 1981; Peshkin, 1986; Reese, 1986). 그래서 국가가 기독교학교에 간섭하는 것은 교회에 간섭하는 것과 동일한 것으로 보고 이를 비판한다.

근본주의 기독교학교들은 앞에서 살펴본 루터교 학교나 개혁주의 기독교학교와는 달리 대개 특정 교단과 직접 관련되어 설립되기보다는 지역교회나 지역 기독교학교 단체와 관계를 맺는 경우가 많다. 대체로 근본주의 기독교학교의 70-95% 정도가 지역교회에 의해 설립 혹은 후원을 받는 것으로 나타나고 있다.[11] 그래서 이들 기독교학교들을 '교회 관련 학교' 혹 '교회학교'라 부르기도 한다(Chadwick, 1981). 교회가 운영하는 학교가 아닌 기독교학교들은 지역학교위원회나 지역학교 재단이 운영하는 경우가 있는데, 이들 학교에는 규모가 크거나 유명한 학교들이 종종 있다(Carper&Layman, 1995).

---

11) 카퍼(Carper, 1984)에 따르면, 1982년 ACSI 학교목록에 나와 있는 1,700여 개 학교 가운데 70%가 지역교회로부터 후원을 받고 있다고 한다. 반면 리즈(Reese, 1986)는 기독교학교의 80~95%가 교회 후원의 학교라고 적고 있어 조금의 차이가 있다.

교회가 후원하는 학교 대부분은 교회의 담임목사가 학교의 교장이 되거나 혹 교육장이 된다(Skerry, 1980; Reese, 1986). 경우에 따라서는 교회의 부목사가 학교의 교장이 되기도 한다. 그리고 장로 혹 집사회 등 교회의 지도자들이 학교의 의사결정에 중요한 영향을 미치게 되어 교회의 특성이 학교교육에 깊게 반영된다(Carper, 1984). 학교의 이사회나 운영위원회는 대개 교회의 교인들이 참여하게 된다. 1979년 미국 국세청(IRS)은 기독교학교가 세금감면 혜택을 받기 위해서는 이사회나 운영위원회에 소수인종 사람을 위원으로 참여하도록 요구했는데, 인종에 따라 교회가 분리되어 있던 남부 지역에서는 그 교회에서 찾기 어려운 소수인종 사람을 위원으로 참여시키는 것에 대해 어려움을 호소하기도 하였다(Skerry, 1980).

교회가 운영하는 학교의 경우 대개 기독교학교 건물은 교회에 인접해 있는 한 개 혹은 두 개의 건물로 이루어지는 경우가 일반적이어서 다른 공립학교나 비종교계 사립학교에 비해 소박한 모습을 띤다. 경우에 따라서는 별도의 건물이 없이 교회당 건물을 이용하는 학교들도 있다. 교회가 기독교학교에 재정적인 후원을 하지만 그 금액이 크지 않고, 등록금이 학교 재정의 가장 큰 부분을 차지한다. 그런데 기독교학교에 자녀를 보내는 학부모들은 대부분 미국 사회의 중류 계층이거나 중하위 계층이 주류를 이루고 있어 기독교학교들은 대부분 재정적으로 어려운 상태에 있다. 그래서 기독교학교들은 좋은 시설을 갖추기가 어렵고, 또한 교사들에게 충분한 급여를 주지 못하고 있다. 대부분 기독교학교 교사들은 공립학교 교사에 비해 50-75% 정도의 임금을 받는 것으로 알려져 있다(Chadwick, 1981; Skerry, 1980; Reese, 1986).

페쉬킨(Peshkin, 1986)에 의하여 자세하게 분석되어 있는 일리노이 주에 위치한 Bethany Baptist Academy의 경우, 유치원에서 고등학교까지의 과정으로 된 근본주의 기독교학교이다. 이 학교는 다른 기독교학교와 유사하게 모교회인 Bethany Baptist Church가 교회 사역의 일환으로 설립하여 운영하고 있다. 1,500명가량의 교인이 있는 이 교회가 350명의 학생이 다니고 있는 학교를 운영하고 있는 셈이다. 교회 주차장을 사이에 두고 교회와 마주 서 있는 학교 건물은 상당부분 교회의 재정 지원에 의해 건축되었다. 교회 주차장이 학생들의 체육시간이나 휴식공간으로 활용되는 등 교회와 학교 건물이 있는 전체 공간이 하나의 유기적 캠퍼스를 이루고 있다. 교회가 학교에 여러 가지 방식으로 재정적인 지원을 하지만 학교 재정은 주로 학부모의 등록금에 의존하고 있어 공립학교에 비해 학생 일 인당 교육비가 절반밖에 미치지 못하는 실정이다. 학교에는 교장이 별도로 있지만 교회의 담임목사가 영적 리더십을 발휘하고 있고, 학생들에게 주일예배와 수요집회 등 교회의 종교활동에 참여하도록 요구한다.

북캐로라나 주에 있는 유치원에서 고등학교 과정까지의 Free Will Baptist Christian School 역시 모교회인 Free Will Baptist Church라는 우산 속에 있는 한 부분이라고 학교 교장은 말한다. 그래서 학교의 중요한 결정들이 교회의 목사와 집사들의 의견을 참고하여 이루어진다고 한다. 학교는 시설을 교회와 함께 사용하고 있고, 학생의 40% 정도가 모교회의 교인이라고 한다. 학교는 교회의 가르침과 비슷하게 엄격한 규율에 따른 훈육을 중시한다. 학교에서 사용하는 교재와 교실활동은 Bob Jones 대학 출판부에서 제공하는 교육과정에 따른 것으로 교육에 기독교신앙을 결합한 것이 두드러진다(Sikkink, 2001, 39).

인디아나 주에 있는 First Baptist Christian School 역시 교회와의 깊은 관계 가운데 운영되고 있다. Bob Jones 대학 출신의 학교 교장이 아직 경험이 많지 않아 모교회인 First Baptist Church의 목사와 집사들이 학교의 의사결정에 깊이 관여하고 있다. 학생들의 영적·도덕적 발달을 학교교육에서 가장 중시하고 이를 위해 교회, 가정, 학교가 한 방향으로 교육하는 것이 중요하다고 한다.

그래서 자녀를 이 학교에 보내려는 학부모는 반드시 보수적인 침례교회의 교리가 바탕이 된 학교의 신앙선언서에 동의를 해야 하고, 학교에서 학생들에게 침례교 교리를 가르치는 것에 반대하지 않아야 한다. Bob Jones 대학과 A Beka 출판사의 교육과정을 사용하고, 매주 있는 채플과 매일 실시되는 성경교육 등을 통해 영성교육을 강조하고, 엄격한 훈육과 봉사를 통해 제자도를 훈련한다 (Sikkink, 2001, 41).

오클라호마 주에 있는 McCurtain Christian Academy는 앞 학교들과는 달리 ACE(Accelerated Christian Education) 교육과정을 사용하는 근본주의 기독교학교이다. ACE는 한때 미국 기독교학교의 1/3 정도에 교육과정을 제공할 만큼 대표적인 기독교학교교육과정 공급처였다. ACE 프로그램은 교회의 목회자가 교회 부속으로 기독교학교를 설립하여 사용하기에 매우 적절하여 교회 목회자들 사이에 인기가 있었다. McCurtain Christian Academy는 39명의 학생이 있고, 교회의 목사가 학교의 교장이 되어 학교예배와 성경교육을 담당한다. 그리고 학교에는 1명의 감독자(supervisor)와 1명의 모니터(monitor)가 있어 학생들이 ACE 워크북을 갖고 스스로 공부하는 것을 돕는 역할을 한다. 대개 ACE 학교들은 학생수 50명에 1명의 감독자와 2명의 모니터가 일하도록 요구받는다. 학생의 부모 가운데 모니터를 하는 경우가 많아 교회로서는 적은 인건비로 학교를 운영하는 좋은 모델이 되는 셈이다. 기독교학교를 운영하려는 교회의 목회자들은 ACE 본사에 가서 일주일 교육을 받은 뒤 학교교장으로서의 역할을 수행하게 된다. ACE에서는 학교를 교회와 별도로 설립하기보다는 교회의 교육적 사역의 주중 확대로 운영하도록 권하고 있다. 그래서 McCurtain Christian Academy을 비롯한 ACE 학교들은 교회의 사역 중 일부로 이해하여 정부의 간섭과 규제를 피하려고 한다(Parsons, 1987: 64-76).

4. 미국 기독교학교들 간의 비교

앞에서 살펴본 세 종류의 기독교학교들은 기독교학교라는 공통점이 있으면서도 학교의 성격에서 분명한 차이점을 보인다. 특히 학교와 교회의 관계에서 세 종류의 학교들은 서로 다른 특징들을 보여 준다. 자녀의 올바른 신앙교육을 위해서 교회, 가정, 학교가 상호 협력해야 한다는 점에서는 기독교학교 모두 공통적인 주장을 한다. 그러나 이들 학교는 교회나 가정과 관계를 맺는 형태나 학교 운영의 방식에서 서로 다른 모습을 보여 준다.

먼저, 루터교 학교의 두드러지는 특징은 교구 학교라는 점이다. 루터교단의 강력한 지원 하에 한 교회 혹은 인근 몇 교회가 함께 학교를 설립하고 운영하는 형태를 띤다. 학교 운영이 지역교회의 자녀들을 중심으로 이루어지고, 학교 행정에 교회의 적극적인 개입이 있다는 면에서는 근본주의 기독교학교와 유사하다고 할 것이다. 그러나 교단의 체계적인 지원이 루터교 학교가 150년이 넘은 역사 동안 일정한 방향을 갖고 전통을 지킬 수 있었던 요인이었다. 즉 루터교단은 출판사를 세워 루터교 학교에서 사용할 교재를 제공하고, 대학을 설립하여 루터교 학교에서 가르칠 교사를 양성하는 등 중요한 역할들을 수행하였다. 특히 루터교 학교의 교사는 교과교육뿐 아니라 교리교육까지 담당할 수 있는 전문성을 갖추고 있어 교육에서의 자주성을 인정받는 근거가 된다.

근본주의 기독교학교들은 성격이 다양하여 공통점을 찾기가 어렵기는 하지만 중요한 특징을 말한다면 교회 부속학교라는 점을 들 수 있다. 근본주의 기독교학교들은 교회와 학교의 관계가 가장 밀접하다고 할 수 있다. 교회가 교인의 자녀를 위해 교회 부속으로 학교를 설립하고, 학교 운영에 직접 관여를 한다. 관여하는 형태는 교회 목회자가 학교의 교장이 되거나 교회의 지도자들이 학교의 이사가 되어 학교의 주요 의사결정이나 교수활동에 개입을 하는 형태이다.

마지막으로 개혁주의 기독교학교의 경우는 교회가 학교를 후원을 하되 개입하지 않는 매우 독특한 관계성을 보여 준다. 개혁주의 기독교학교 역시 루터교 학교와 마찬가지로 교단 차원에서 학교를 지원하기 위하여 교사 양성 대학을 설립하고 기독교학교연합조직을 결성하게 하였다. 그러나 루터교 학교와는 달리 기독교학교연합조직이 교단과 별개로 운영되도록 하여 학교를 교회와 분리되도록 하였다. 즉 학교는 학부모들이 중심이 되어 독립적으로 운영하되 교회는 학교를 위해 정신적, 재정적으로 후원을 하는 협력관계를 이루고 있다. 교단은 이러한 관계가 지속될 수 있도록 학교를 지원하고 교회를 지도한다.

세 종류의 기독교학교가 교회와 맺는 관계의 성격을 비교하여 도표로 나타내면 〈표 2〉와 같다.

〈표 2〉 교회가 학교에 대해 갖는 관계성

	후원			개입	
	정신적/영적	물질적	제도적/교단적	학교행정	교육
루터교 학교	O	O	O	O	X
개혁주의 학교	O	O	O	X	X
근본주의 학교	O	O	X	O	O

세 종류의 학교 모두 정신적, 물질적 후원을 교회로부터 받고 있다는 점에서 공통적이라 할 수 있다. 반면 근본주의 기독교학교는 루터교 학교나 개혁주의 학교와 달리 학교 교사 양성이나 교재 출판 등과 같은 교단의 체계적인 지원을 받지 못하고 있다. 그리고 교회가 학교 운영에 개입하는 정도를 보면 근본주의 기독교학교가 학교의 행정과 학생에 대한 교수활동 모두에서 직접 관여를

하여 개입 정도가 제일 강하다. 반면 개혁주의 기독교학교는 학교 운영을 교원들과 학부모가 중심이 된 이사회에 맡기고 교회는 개입하지 않는 것을 원칙으로 하여 개입 정도가 가장 약하다고 할 수 있다. 루터교 학교는 전문성을 갖춘 교원들에게 학생 교육을 맡기지만 학교행정에 있어서는 교회가 중요한 의사결정에 참여하여 개입하고 있다.

IV. 우리나라 기독교학교에 주는 시사점

미국 기독교학교와 교회의 관계에 대한 이상의 논의로부터 우리나라 기독교학교에 줄 수 있는 시사점을 찾아보면 다음과 같다.

첫째, 기독교학교의 지속적인 성장을 위해서는 교회의 지지와 보다 체계적인 지원이 필수적이다. 즉 학교교육을 위한 영적, 재정적 후원뿐 아니라 교사 양성과 교재 개발을 위한 제도적 지원이 필요하다. 미국 기독교학교의 경우, 종류에 상관없이 교회가 교인들에게 기독교학교교육의 필요성을 가르치고, 교인들이 기독교교육을 받을 수 있도록 학교를 설립하고 재정적인 지원을 한다. 나아가 루터교 학교나 개혁주의 기독교학교의 경우는 기독교학교의 발전에 필수적인 요소인 학교 철학에 부합하는 교사와 교재를 제공하기 위해 교단 차원에서 제도적인 지원이 이루어지고 있다. 근본주의 기독교학교의 경우는 비록 교단의 출판사나 대학은 아니지만 학교의 성격과 유사한 출판사가 있어 교재를 제공하고, 근본주의 신앙의 성경대학들(Bible college)이 있어 교사 양성의 역할을 수행하고 있다. 이러한 영적, 물질적, 제도적 지원이 기독교학교의 지속적인 성장의 원동력이 되고 있다. 이와 비교하여 우리나라의 기독교학교들은 교회의 지원을 체계적으로 받지 못하고 있는 실정이다. 기독교사립학교의 경우, 교회의 정신적 지원이나 물질적 지원이 매우 미약한 수준이고, 기독교대안학교의 경우도 58%의 학교들이 교회와 관련 없이 설립·운영되고 있다(김지현, 2012). 기독교학교에 적합한 교사 양성이나 교재 개발이 체계적으로 이루어지지 않는 것도 우리나라 기독교학교가 활성화되지 못하게 하는 요인으로 작용하고 있다.

둘째, 교회가 기독교학교를 설립하고 운영하는 경우, 학교가 전문성을 갖추도록 도와준 뒤 학교의 자립적 운영을 인정할 필요가 있다. 미국의 개혁주의 기독교학교는 교회로부터 독립하여 자립적으로 운영된다. 교사와 행정가 그룹과 학부모가 중심이 된 이사회가 각자의 역할을 수행하여 학교를 효과적으로 운영해 왔다. 그래서 개혁주의 기독교학교들이 대체로 학업적인 수월성을 성취할 뿐 아니라 사회에 대한 기독교적 변화라는 기독교교육의 역할을 잘 수행하고 있다고 평가받는다(강영택, 2012; Kang, 2007). 이러한 교육의 밑바탕에는 개혁교회가 운영하는 대학에서의 교사 양성과 개혁주의 기독교학교의 연합조직인 국제기독교학교(CSI)에서 제공하는 교재와 교직원과 이사들을 위한 연수 프로그램 등과 같은 학교의 전문성 증진을 위한 노력들이 있다. 한편 교회가 학교 운영에 강하게 개입하는 근본주의 기독교학교의 경우는 교회의 신앙을 학교에 그대로 전수할 수 있는 장점을 갖는 반면 학교의 전문성이 약화되어 교육적 성과를 내는 데 취약할 수 있다(Kelley, 2005). 그리고 사회/세상에 대한 배타적인 교회의 태도가 학교교육에 그대로 반영되어 학생들에게 사회에 대한 편견이나 분리적 태도를 심어 주는 경향이 나타나기도 한다(Flemming & Hunt, 1987; Kang, 2007; Peshkin, 1986). 우리나라에서 교회가 설립·운영하는 기독교대안학교의 경우, 교회와 학교 사이에 갈등이 일어나 학교가 어려움을 겪는 현상을 볼 때 학교의 전문성 확보를 전제로 한 학교의 자립적 운영을 보다 적극적으로 고려할 필요가 있다고 생각한다.

셋째, 학교와 교회의 관계에서 다양한 모델의 기독교학교가 가능하기 때문에 각자의 상황에 가장 부합하는 모델을 찾으면 된다. 미국에서 세 종류의 기독교학교들은 그 역사적 배경 하에서 자신의 독특한 성격을 형성해 왔다. 교회가 학교에 개입하는 정도가 가장 강하여 교회와 매우 긴밀한 관계를 갖는 근본주의 기독교학교로부터 교회가 학교에 개입하는 정도가 느슨하여 학교의 자립성과 전문성은 확보하지만 교회와의 친밀성은 약해지는 개혁주의 기독교학교에 이르기까지 스펙트럼이 다양하다 할 수 있다. 우리나라 기독교학교들도 각 학교의 상황에 맞는 적절한 모델을 찾아야 한다. 예를 들면, 교회가 기독교대안학교를 시작하는 초기 단계에서는 학교의 전문성이 갖추어지지 않을 수 있기에 교회가 보다 적극적으로 학교 운영에 개입하는 모델을 취할 수 있다. 그러나 학교의 설립 정신이 확립되고 그에 부합하는 교원들이 채용되어 학교가 안정기에 접어들기 시작한다면 교원들에게 교육을 맡기고 교회는 학교행정의 중요한 의사결정에만 관여하는 모델로 바뀔 필요가 있다. 교회가 학교에 후원만 하고 개입은 하지 않는 모델은 학교의 자율적 운영이란 면에서 이상적으로 보이지만 교회로 하여금 학교에 대한 관심을 멀어지게 할 수도 있으므로 기독교교육의 전통이 확립되지 않은 교회에서는 신중하게 적용해야 하는 모델이라 할 수 있다.

V. 나가는 말

기독교학교는 공교육이 간과하고 있는 영성/신앙 교육을 통해 인성/도덕교육을 강화함으로 사회의 발전에 기여한다. 또한 기독교학교는 교회의 미래 세대를 양성함으로 교회의 미래를 준비하는 데 결정적인 역할을 한다. 그러므로 기독교학교의 건강한 운영은 우리 사회와 교회의 미래를 위해 절대적으로 중요하다. 기독교학교가 건강하게 운영되기 위해서는 학교와 교회의 관계가 잘 형성되어야 한다.

본 연구는 기독교학교와 교회의 관계가 어떻게 이루어지는 것이 바람직한지를 살펴보기 위해 세 가지 전통의 미국 기독교학교에 대해 고찰하였다. 교구학교인 루터교 학교는 교단의 제도적인 지원을 바탕으로 교회가 학교의 운영을 위해 적극적인 후원과 관여를 하면서도 교수활동에서는 교사의 전문성을 인정하여 자율성을 부여하고 있다. 교회 부속학교 형태를 취하고 있는 근본주의 기독교학교는 학교교육을 교회 사역의 일부로 보기 때문에 학교의 행정과 교수활동이 교회의 영향권 아래 이루어지는 경향이 강하다. 학교와 교회의 관계가 가장 느슨하게 형성되어 있는 개혁주의 기독교학교는 교회가 교단과 지역교회 차원에서 적극적으로 학교를 후원하지만 학교의 운영은 학부모가 중심이 된 이사회와 교원들에 의해 자율적으로 이루어진다.

미국의 기독교학교와 교회의 관계가 다양한 형태로 발달해 온 것은 각 교회가 갖는 신학적 특성과 역사적 배경이 서로 다르기 때문이다. 그러므로 우리나라 기독교학교의 경우도 학교와 교회의 관계가 단일한 형태를 취할 필요는 없다. 다만 미국 기독교학교에 대한 고찰에서 볼 수 있듯이 학교와 교회의 관계가 학교 운영에 효과적으로 작용하도록 조정하는 노력은 필요하다. 기독교학교에 대한 교회의 지원이 아직 체계화되지 못한 우리나라의 경우에서는 어떤 종류의 지원이 기독교학교의 발전을 위해 가장 절실한지에 대한 정밀한 탐구가 요청된다. 그리고 기독교학교가 교회의 지원을 받아 학부모를 대신하여 교육활동을 효과적으로 할 수 있도록 교직원들의 기독교교육에 대한 전문성 확보를 위한 기독교공동체의 노력이 요구된다 할 것이다.

[참고문헌]

강영택. "기독교학교 정체성 재정립을 위한 시도". 「기독교육정보 34집」, 145-180, 2012.

김지현. "한국 기독교대안학교 실태". 제2회 기독교대안학교 실태조사 세미나 자료집, 기독교학교교육연구소, 2012.

양금희. 「종교개혁과 교육사상」. 서울: 장로교출판사, 1999.

임희국. "한국교회 초기 기독교학교 설립 : 토착교회의 기독교학교 설립 운동을 중심으로". 기독교학교교육연구소 편. 「평양대부흥운동과 기독교학교」. 서울: 예영커뮤니케이션, 2007.

Carper, J.&Hunt, T. *Religious Schooling in America*, Birmingham, Alabama: Religious Education Press, 1984.

Carper, J. The Christian Day School, Carper, J. & Hunt, T. (eds.) *Religious Schooling in America*, Birmingham, Alabama: Religious Education Press, 1984.

Carper, J.&Layman, J. Independent Christian Day Schools: Past, Present, and Prognosis, *Journal of Research on Christian Education*, 4(1), 7-19, 1995.

Chadwick, R. Pluralism in Church Related Schools: Pro and Con. *Religious Education*, 76 (3), 295-308, 1981.

Cooper, B.&Gargan, A. Private, Religious Schooling in the United States: Emerging Trends and Issues, *Journal of Research on Christian Education*, 5 (2), 157-178, 1996.

CRC (Christian Reformed Church). Agenda for Synod 2003, 2003.

CRC (Christian Reformed Church). Agenda for Synod 2005, 2005.

Diefenthaler, Lutheran schools in America, Carper, J.&Hunt, T. (eds.) *Religious Schooling in America*, Birmingham, Alabama: Religious Education Press, 1984.

Flemming, D & Hunt, T. The World as Seen by Students in Accelerated Christian Education. *Phi Delta Kappan* vol. 68: 518-523, 1987.

GRCS (Grand Rapids Christian Schools). Restated Bylaws for Grand Rapids Christian Schools, 2010.

GRCS (Grand Rapids Christian Schools). GRCS Policy Handbook, 2012.

Hughes, R.&Adrian, W. *Models for Christian Higher Education*, Grand Rapids, MI: Eerdmans, 1997.

Kang, Y. A comparative study of fundamentalist and reformed Christian schools in the United States, *Journal of Christian Education & Information Technology*, vol. 11, 177-196, 2007.

Kelley, L. An Analysis of Accelerated Christian Education and College Preparedness Based on ACT Scores, Thesis of Educational Specialist, Marshall University, 2005.

Kienel, P. *A history of Christian school education: Vol.II*. Colorado Springs, Colorado: Purposeful Design, 2005.

Leonard, B. What can the Baptist tradition contribute to Christian higher education? Hughes, R. & Adrian, W. (eds.) *Models for Christian Higher Education*, Grand Rapids, MI: Eerdmans, 1997.

Luther, M. A sermon on keeping children in school. *Luther's Works*, Vol. 46. Philadelphia: Fortress Press, 1967, 213-257, 1530.

Manville, P. Tax Exempt Status of Private School, *Journal of Education Finance*, 8 (2), 209-215, 1982.

Nordian, D.&Turner, L. More than segregated academies: The growing protestant fundamentalist schools, *Phi Delta Kappan* 61 (February) 391-394, 1980.

Oppewal, D.&DeBoer, P. Calvinist Day Schools: Roots and Branches. Carper, J.&Hunt, T. (eds.) *Religious Schooling in America*, Birmingham, Alabama: Religious Education Press, 1984.

Parsons, P. *Inside America's Christian Schools*, Macon, Georgia: MUP, 1987.

Peshkin, A. *God's Choice: The total world of a fundamentalist Christian school*, Chicago: The University of Chicago Press, 1986.

Randall, V. (1994). The State and Religious Schools in America: An Overview of Rocky Relationship, *Journal of Research on Christian Education*, 3 (2), 175-198, 1994.

Reese, W. Soldiers for Christ in the Army of God: The Christian School Movement in America, *Christian Schools: Their Bases, Goals, and Practices*. Toronto, Ontario: Institute for Christian Studies, 1986.

Schmidt, W. *The Lutheran Parochial School: Dates, Documents, Events, People*. St. Louis, MO: Concordia Seminary Publications, 2001.

Sikkink, D. Speaking in many tongues: the common sterotypes if Christian schools mask their healthy diversity, summer 2001. *Education Matters*, 2001.

Skerry, P. Christian Schools verse the I.R.S., *Public Interest* No. 61, 18-41, 1980.

Solberg, R. What can the Lutheran tradition contribute to Christian higher education? Hughes, R.&Adrian, W. (eds.) *Models for Christian Higher Education*, Grand Rapids, MI: Eerdmans, 1999.

U.S. Department of Education Private School Universe Survey (PSS) 2009-2010, 2012.

Van Brummelen, H. *Telling the Next Generation: Educational Development in North American Calvinist Christian Schools*. Lanham, MD: UPA, 1986.

Wagner, M. *God's Schools: Choice and Compromise in American Society*, New Brunswick: Rutgers University Press, 1990.

3장

한국에서의 교회-학교 연계 현황과 과제

박상진 | 기독교학교교육연구소 소장, 장로회신학대학교 교수

한국에서의 교회-학교 연계 현황과 과제

I. 들어가는 말

한국교회와 기독교학교는 어떤 관계를 맺고 있는가? 한국의 기독교학교는 태생적으로 교회와 연계되어 있다. 언더우드(H. G. Underwood)와 아펜젤러(H. G. Appenzeller)를 비롯한 선교사들이 기독교학교를 설립한 것도 실은 그들이 속해 있는 미국 장로교회 또는 미국 감리교회의 선교부가 설립한 셈이며(김인수, 1998, 147-154), 그 이후 불길처럼 번져간 토착 한국교회에 의한 기독교 초등학교 설립 운동은 이러한 교회와 학교의 연계가 얼마나 강렬했는지를 보여 준다(박상진, 2011, 335-339).

그러나 교회와 기독교학교가 건강한 관계를 맺고 이를 지속하기란 쉽지 않은 과제이다. 교회와 학교는 그 정체성과 기능, 성격이 다른 기관이기 때문이다. 굳이 아브라함 카이퍼(Abraham Kuyper)의 영역주권(sphere sovereignty)을 말하지 않더라도 교회와 학교는 존재론적으로 다른 기관이다(James. D. B, 1998). 어떻게 하면 '교회 옆의 학교'라는 종교개혁가들의 교회와 학교의 밀접한 관계성(오인탁,

2009, 163)을 유지하면서도 교회와 학교의 독립성을 보장하며 상호 건강한 관계를 유지할 수 있을 것인가? 교회가 학교를 설립하였거나 재정적으로 지원한다고 해서 학교를 지배하려고 해서는 안 될 것이며, 학교가 학교의 교육 전문성과 독립성을 강조한 나머지 기독교학교로서의 정체성을 약화시키거나 교회와의 교류를 단절하는 것은 바람직한 관계 설정이 아닐 것이다.

본 연구는 교회와 학교의 연계에 대한 당위성을 설명하거나 주장하기보다는 한국에서의 교회와 학교의 연계 실태를 조사하고 그 현황과 문제점을 파악하기 위한 것이다. 교회가 학교와 관계를 맺는 데에는 다양한 유형이 있을 수 있다. 교회가 학교를 설립하는 경우도 있고, 교회가 학교를 예배 장소로 사용하면서 상호 협력하는 경우도 있으며, 교회가 학교에 교목을 파송하거나 학원 선교 활동을 지원하는 경우 등 다양한 연계 방식이 존재한다. 그런데 구체적으로 어떤 방식으로 이러한 연계가 이루어지고 있고, 그러한 협력에 어느 정도 만족하고 있는지, 어떤 개선 방안이 있는지를 파악하고자 하였다. 본 연구에서는 기독교학교의 범주를 기독교계 사립학교인 미션스쿨과 기독교대안학교를 모두 포함하였으며, 교회의 범주도 지역교회를 중심으로 하되 노회와 총회와의 관계까지도 연구 범주에 포함하도록 하였다.

II. 연구의 개요

본 연구는 크게 한국교회와 기독교학교의 관계에 대한 실태조사와 현재의 관계 및 향후 바람직한 관계에 대한 의식조사로 분류할 수 있다. 그리고 그 대상을 교회와 학교로 구분하여 교회가 학교와 맺고 있는 연계, 학교가 교회와 맺고 있는 연계를 파악할 수 있도록 하였다.

본 연구는 설문조사를 통해 진행하였다. 설문지는 네 종류로 교회를 대상으로 한 '교회와 기독교학교의 관계'에 대한 실태조사용 설문지와 의식조사용 설문지, 그리고 기독교학교를 대상으로 한 '기독교학교와 교회의 관계'에 대한 실태조사용 설문지와 의식조사용 설문지로 구분하였다.

먼저 설문지 제작을 위해 2012년 8월 9일에 1차 설문 문항 작성을 위한 회의를 하였고, 8월 11일에 2차 설문 문항 작성을 위한 회의를 그리고 8월 22일에 교회의 학교 연계 담당목사 및 기독교학교 교목이 함께 참여한 전문가 협의회를 개최하여서 설문 문항 초안을 검토하였다. 그 이후 3차례의 회의를 통해서 설문 문항을 수정, 보완하였고, 9월 18일에 설문지를 최종 작성하여 인쇄하였고, 9월 19일부터 25일에 걸쳐 설문지를 배포하였다. 그리고 9월 25일부터 10월 19일까지 설문지를 수거하였다. 회수된 설문지는 코딩 작업을 거쳐 SPSS 17.0을 사용하여 통계, 분석하였다.

실태조사를 위한 설문지의 문항 구성은 한국기독교학교연합회가 회원학교를 대상으로 실시한(김정섭, 2008, 28-31) 설문 문항을 참고하였고, 교회와 기독교학교의 연계 상황을 보다 구체적이고 세밀하게 파악할 수 있는 문항으로 작성하였다. 먼저 교회와 기독교학교의 연계 실태를 파악하기 위한 실태조사 설문 문항은 다음 도표(표 1)와 같다.

실태조사의 설문 문항 구성은 다음과 같다. 먼저 학교가 교회와 어떤 연계를 맺고 있는지를 파악하는 실태조사를 위한 문항으로는 응답자의 기본사항과 응답 학교의 기본사항, 연계 유형, 정관, 의사소통, 연계 정도와 방식을 묻는 질문으로 구분하였다. 학교의 기본사항은 학교명, 학교 소재지, 학교급, 학교 종류, 학교 역사, 소속 교단, 교장의 교회 직분, 이사장 유무, 이사장의 교회 직분 등으

〈표 1〉 실태조사 설문 문항 구성

	학교		교회	
응답자 기본사항	직급		직급	
	성명, 연락처		성명, 연락처	
기관 기본사항	학교명	1	교회, 교단명	1
	학교 소재지	2	교회 소재지	2
	학교급	3	-	-
	학교 종류	4	-	-
	학교 역사	5	교회 역사	3
	소속 교단	6	-	-
	-	-	교회 규모	4
	교장의 교회 직분	7	-	-
	이사장 유무	8	-	-
	이사장의 교회 직분	8-1	-	-
연계 유형	설립	9	설립	5
	학교 시설 사용(주일)	10	학교 시설 사용(주일)	6
	교회 시설 사용(주중)	11	교회 시설 사용(주중)	7
	교회로부터의 지원	12	학교에 지원	8
	지역교회 연계	13	-	-
정관	이사, 정관, 보고	14	이사, 정관, 보고	9
의사소통	회의 종류와 시기	16	회의 종류와 시기	11
연계	연계 정도	19	연계 정도	14
	연계 방식	20	연계 방식	15
	연계 교회, 내용, 척도	21	연계 학교, 내용, 척도	16

로 구성되어 있으며, 연계 유형은 교회의 학교 설립 여부, 교회의 학교 시설 사용(주일, 주중) 여부, 교회로부터의 지원, 지역교회와 연계에 관한 문항으로 구성되어 있다. 정관에 관련된 문항에서는 정관, 이사, 보고 방식에 관해 묻고, 의사소통과 관련해서는 회의 종류와 시기를 물었다. 연계와 관련해서는 연계 정도, 연계 방식, 그리고 구체적인 연계 교회와의 연계 내용과 연계 정도를 평가할 수

있는 문항으로 구성하였다. 교회가 학교와 어떤 연계를 맺고 있는지를 파악하는 실태조사 문항으로 교회의 기본적인 정보인 교회명, 교단명, 교회 소재지, 교회 역사, 교회 규모 등을 묻는 문항으로 구성하였으며, 연계 유형으로는 교회가 학교를 설립했는지, 교회가 학교 시설을 사용하는지, 학교가 교회 시설을 사용하는지, 그리고 학교를 어느 정도 지원하는지를 묻는 문항을 포함하였다. 그리고 정관과 이사, 보고 관련 문항, 교회와 학교의 의사소통을 위한 회의 종류와 시기, 또한 교회와 학교의 연계 정도, 연계 방식, 연계 학교와의 연계 내용과 연계에 대한 평가를 묻는 문항을 포함하였다.

설문 대상은 교회의 경우, 기독교계 사립학교(미션스쿨) 또는 기독교대안학교를 설립하였거나 초, 중, 고등학교를 빌려 예배당을 사용하거나 기독교학교를 지원하고 있는 곳을 대상으로 하였다. 단, 본 연구에서는 기독교학교를 초, 중, 고등학교로 제한하였기 때문에 대학교 강당을 빌려 예배드리는 교회는 연구 대상에서 제외하였다. 학교의 경우는 전국의 모든 기독교계 사립학교(미션스쿨)와 기독교대안학교를 대상으로 하였다. 설문에 응답해야 하는 대상자는 실태조사의 경우와 의식조사의 경우가 다르다. 실태조사는 학교의 경우는 아래의 표에서 볼 수 있듯이 학교 대표 1인이, 그리고 교회의 경우는 교회 대표 1인이 하도록 하였고, 의식조사의 경우는 학교는 교장, 교감, 교목, 부장교사, 교사가, 그리고 교회는 담임목사와 부목사, 전도사, 교육전도사가 응답하도록 하였다. 실태조사 및 의식조사에 있어서 설문의 대상 응답자와 대상 기관수, 그리고 설문지 배포 매수는 〈표 2〉와 같다.

〈표 2〉 설문대상

	기관	응답자	발송대상 기관수	매수
실태 조사	학교	미션스쿨, 대안학교 학교 대표 1인 (교장, 교감, 교목 등)	430곳	1매
	교회	학교 설립, 교회 사용, 학교 지원 교회 대표 1인 (담임목사, 행정목사, 교육목사 등)	69곳	1매
의식 조사	학교	미션스쿨, 대안학교 교장, 교감, 교목, 부장교사, 교사	430곳	5-10매
	교회	학교 설립, 교회 사용, 학교 지원 담임목사, 부목사, 전도사, 교육전도사	69곳	5-10매

설문지를 회수한 결과, 실태조사용 설문지는 137개, 그리고 의식조사용 설문지는 827개였다(27.5%). 설문에 응답한 학교는 기독교계 사립학교(미션스쿨)의 경우 인문계 사립학교와 전문계 특성화학교가 포함되었으며, 대안학교의 경우는 대안 특성화학교, 인가 대안학교, 비인가 대안학교 등이 포함되었다. 실태조사의 설문에 응답한 교회나 학교의 배경 변인을 나타내면 다음의 도표(표3)와 같다. 〈표 3〉에서 볼 수 있듯이 실태조사에 응답한 학교는 120개교이며, 교회는 17개교로서 전체는 137개 기관이다. 설문 응답 기관의 지역별 분포는 특별시, 광역시, 중소도시, 읍면 지역 등이 전체적으로 고르게 분포되어 있으며, 학교급별로는 고등학교인 경우가 전체의 45.8%로 가장 많은 것으로 나타났다. 학교 종류로는 종교계 사립학교인 미션스쿨이 60.8%, 대안학교가 39.2%로써 3대 2 정도의 비율로 미션스쿨이 많이 응답하였다. 학교 역사는 41년 이상 60년 이하의 학교가 가장 많았고, 교회 역사는 20년 이하가 58.8%로써 가장 많았다. 학교가 교단에 속해 있는 경우는 54.2%로써 소속되지 않은 경우인 42.5%보다 많은 것으로 나타났고, 교회의 교단은 예장통합이 35.3%, 예장합동이 23.5%, 감리교단이 12.3%의 순으로 나타났다. 교회 규모는 300명 이상 3,000명 미만의 중대형

교회가 41.2%로써 가장 많은 비중을 차지하였고, 300명 미만의 소규모 교회가 35.3%, 그리고 초대형 교회가 23.5%를 차지하는 것으로 나타났다.

〈표 3〉 실태조사 설문 배경 변인

응답기관수(개)/백분율(%)

기관	학교					교회	전체
	120					17	137
	87.6					12.4	100.0
소재지	특별시		광역시		중소도시	읍면지역 등	전체
	33		30		47	27	137
	24.1		21.9		34.3	19.7	100.0
학교급	초	중	고	초중, 중고	초중고		전체
	7	20	55	25	13		120
	5.8	16.7	45.8	20.8	10.8		100.0
학교 종류	종교계 사립학교			대안학교			전체
	73			47			120
	60.8			39.2			100.0

학교 역사	5년 이하	6년 이상 10년 이하	11년 이상 20년 이하	21년 이상 40년 이하	41년 이상 60년 이하	61년 이상 80년 이하	80년 이상	전체
	16	23	9	10	32	13	14	117
	13.7	19.7	7.7	8.5	27.4	11.1	12.0	100.0

교회 역사	20년 이하		21년 이상 30년 이하		30년 이상			전체
	10		3		4			17
	58.8		17.6		23.5			100.0
학교의 교단 소속 여부	있다		없다		무응답			전체
	65		51		4			120
	54.2		42.5		3.3			100.0

1)

예장통합	예장합동	감리	고신	기장	독립교단	합산	기타 (순복음, 대신, 기성 등)	무응답	전체
25	9	8	3	3	3	2	8	4	65
38.5%	13.8%	12.3%	4.6%	4.6%	4.6%	3.1%	12.3%	6.2%	100%

교회 교단	예장통합	예장합동	그외[2]	전체
	6	4	7	17
	35.3	23.5	41.2	100.0
교회 규모	500명 미만	300명 이상 3,000명 미만	3,000명 이상	전체
	6	7	4	17
	35.3	41.2	23.5	100.0

〈표 4〉 의식조사 설문 배경 변인

응답기관수(개)/백분율(%)

소속기관	학교		교회		전체
	725		102		827
	87.7		12.3		100.0
성별	남자		여자		전체
	514		301		815
	63.1		36.9		100.0
연령	20대	30대	40대	50대 이상	전체
	45	199	228	336	808
	5.6	24.6	28.2	41.6	100.0
학교 직위	교장	교감	교목	부장교사, 교사	전체
	40	46	55	469	610
	6.6	7.5	9.0	77	100.0
교회 직위	목사	전도사	기타(행정직, 장로)	전체
	40	48	3	91
	44.0	52.7	3.3	100.0

학교 재직 기간	5년 미만	5년 이상 10년 미만	10년 이상 20년 미만	20년 이상 30년 미만	30년 이상	전체
	211	142	112	181	56	702
	30.1	20.2	16.0	25.8	8.0	100.0
교직 경력	5년 미만	5년 이상 10년 미만	10년 이상 20년 미만	20년 이상 30년 미만	30년 이상	전체
	102	143	113	236	96	690
	14.8	20.7	16.4	34.2	13.9	100.0

2) 고신, 합신, 기독교대한하나님의성회, 독립교단

교회 재직 기간	3년 미만	3년 이상 6년 미만	6년 이상	전체
	50	17	28	95
	52.6	17.9	29.5	100.0
목회 경력	5년 이하	6년 이상 10년 미만	전체	전체
	22	18	45	85
	25.9	21.2	52.9	100.0

의식 설문조사의 배경 변인을 살펴보면 위의 도표에서 볼 수 있듯이 소속 기관이 학교인 응답자가 725명로 87.7%, 교회인 응답자는 102명으로 12.3%를 차지하였다. 성별 분포는 남자가 63.1%, 여자가 36.9%였으며, 연령별 분포는 50대 이상이 41.6%로 가장 많았고, 40대, 30대 그리고 20대 순으로 그 비율이 낮아지는 것으로 나타났다. 학교의 직위로는 부장교사나 교사의 비율이 77%, 교목이 9.0%, 교감이 7.5%, 그리고 교장이 6.6%로 나타났다. 교회 대상 설문 응답자의 직위는 전도사가 52.7%, 목사가 44%를 차지하였다. 학교 설문지 응답자의 학교 재직 기간은 5년 미만이 30.15%로써 가장 많았고, 그 다음이 20년 이상 30년 미만으로 25.8%인 것으로 나타났다. 교직 경력은 재직 기간과 약간의 차이를 보이고 있는데, 20년 이상 30년 미만인 경우가 34.2%로써 가장 많았고, 30년 이상이 13.9%로써 가장 낮은 것으로 나타났다. 교회 대상 설문지 응답자의 재직 기간은 3년 미만이 52.6%, 6년 이상이 29.5%, 그리고 3년 이상 6년 미만이 17.9% 순으로 나타났으며, 목회 경력은 10년 이상이 52.9%로써 가장 높은 비율을 차지하고 있었다.

III. 실태조사 분석

본 연구에 있어서 실태조사의 목적은 학교-교회 연계의 현황을 정확히 파악하고자 하는 것이다. 학교-교회 연계의 실태를 파악하기 위해 기독교학교 지도자의 교회 직분, 이사회의 유무, 연계 유형별 실태, 정관에 나타난 학교-교회 연계, 학교-교회 의사소통의 통로, 그리고 학교-교회 연계 방식 등을 조사, 분석하였다.

1. 기독교학교 지도자의 교회 직분

기독교학교와 교회의 연계의 실태가 어떠한지를 분석하는 데 있어서 먼저 기독교학교의 지도자들이 교회와 어떤 연계를 맺고 있는지를 파악하는 것이 필요한데, 기본적으로 그들이 교회에서 어떤 직분을 맡고 있는지를 조사하였다. 본 실태조사에서는 교장과 이사장의 교회 직분을 파악하였다.

교장은 기독교학교를 실제적으로 대표하는 교육지도자로서 그의 개인적인 신앙과 특히 교회와 어떤 관계를 맺고 있느냐가 학교-교회 연계에 중요한 요소가 된다. 교회의 직분이 교회와의 연계를 직접적으로 보여 주는 척도는 아니지만 학교-교회 연계의 한 측면을 간접적으로나마 보여 준다고 할 수 있을 것이다. 교장의 교회 직분은 아래 도표와 같다.

〈표 5〉교장의 교회 직분

응답학교수(개)/백분율(%)

목사	장로	안수집사	권사	서리집사	성도	교인 아님	기타	전체
19	37	18	7	20	10	3	5	119
16.0	31.1	15.1	5.9	16.8	8.4	2.5	4.2	100.0

기독교학교의 책임을 맡고 있는 교장이 교회의 직분이 무엇인지를 파악해 보면, 교회의 장로인 경우가 31.1%로 가장 많았고, 그 다음이 서리집사로 16.8%인 것으로 나타났다. 기독교학교의 교장이 목사인 경우도 16%로써 비교적 높은 비율을 차지하고 있는데 이는 교회가 설립한 기독교대안학교의 영향이 큰 것으로 보인다. 교장이 안수집사인 경우는 15.1%로써 비교적 높게 나타났으며, 일반 성도가 8.4%, 권사가 5.9%로 나타났고, 교인이 아닌 경우도 2.5%인 것으로 드러났다. 기독교학교의 교장은 전체적으로 장로, 목사, 집사라는 교회 직분을 통해서 교회와 직·간접적으로 연결되어 있어서, 이것이 교회와 학교를 연결하는 하나의 고리로 작용하고, 의사소통의 한 통로가 되고 있음을 알 수 있다.

기독교학교의 이사장이 교회에서 어떤 직분을 맡고 있는지도 교회와 학교의 연계성을 이해하는 데 도움이 된다. 이사장이 장로인 경우가 40.4%로 가장 많았고, 그 다음이 목사로 35.6%를 차지하고 있는 것으로 나타났다. 즉 전체 이사장의 76%가 목사와 장로인 것으로 분석되었는데 이는 이사장 개인적인 차원에서는 교회와의 연계성이 강할 수 있는 개연성을 지니는 것으로 보아야 할 것이다.

그 외에도 안수집사와 권사가 각각 6.7%, 서리집사가 2.9%, 일반 성도가 1.9%인 것으로 나타났으며, 교인이 아닌 경우도 2.9%나 되었다.

〈표 6〉 이사장의 교회 직분

응답학교수(개)/백분율(%)

목사	장로	안수집사	권사	서리집사	성도	교인 아님	기타	전체
37	42	7	7	3	2	3	3	104
35.6	40.4	6.7	6.7	2.9	1.9	2.9	2.9	100.0

2. 이사회의 유무

기독교학교에 이사회가 존재하는지의 여부는 기독교학교가 교회와 독립해서 운영되는지를 파악할 수 있는 중요한 지표가 된다. 이사회가 존재한다는 것은 일단 학교 경영의 최고 의사결정 구조가 독립적으로 존재한다는 것을 의미하며, 이사회가 존재하지 않는 것은 그만큼 교회의 영향에 의해서 학교 운영이 흔들릴 수 있는 가능성이 많기 때문이다.

<표 7> 이사회의 유무

응답학교수(개)/백분율(%)

있다	없다	전체
104	16	120
86.7	13.3	100.0

본 설문조사의 전체 응답학교 중 86.7%인 104개교가 이사회가 있다고 응답했으며, 이사회가 없다고 응답한 학교는 13.3%인 것으로 나타났다. 이사회가 없는 경우는 대부분 기독교대안학교에 해당하는데 운영위원회와 같은 이사회 대행 협의체가 있는 경우도 있고, 교회의 교역자나 당회원, 또는 교회가 임명한 책임자에 의해서 운영되는 경우, 그리고 교장이 이사회 없이 학교를 운영하는 경우 등이 포함되어진다.

기독교학교와 교회의 연계 방식에 있어서 기독교계 사립학교인 미션스쿨과 기독교대안학교는 의미 있는 차이를 보이고 있다. 학교가 독립적인 이사회를 갖고 있는 경우가 기독교계사립학교는 73개교 모두 해당된 반면, 기독교대안학교의 경우는 32개교로써 68.1%에 해당하는 학교만 이사회가 존재하고 있

<표 8> 학교 종류에 따른 이사회의 유무

	기독교계 사립학교	기독교대안학교	전체	
이사회가 있다	73	32	104	x^2=23.085a
	100.0	68.1	86.7	(df=1, p=.000)
이사회가 없다	0	15	16	
	0.0	31.9	13.3	

는 것으로 나타나고 있다. 물론 공교육 체계 안에 있는 미션스쿨은 당연히 법인 이사회가 조직될 수밖에 없는 상황이지만 기독교대안학교의 경우는 31.9%가 이사회 조직 없이 학교가 운영되고 있음을 알 수 있다. 이 점에서 학교의 독립적인 의사결정보다는 교회의 직접적인 영향을 받을 가능성을 그만큼 더 내포하고 있다고 볼 수 있다.

3. 연계 유형별 실태

<표 9> 연계 유형별 실태

응답기관수(개)/백분율(%)

	전체			학교			교회		
	예	아니오	전체	예	아니오	전체	예	아니오	전체
교회가 학교를 설립	49	88	137	39	81	120	10	7	17
	35.8	64.2	100.0	32.5	67.5	100.0	58.8	41.2	100.0
교회가 학교를 예배당으로 사용	66	70	136	53	66	119	13	4	17
	48.5	51.5	100.0	44.5	55.5	100.0	76.5	23.5	100.0
학교가 교회를 학교 건물로 사용	32	104	136	27	93	120	5	11	16
	23.5	76.5	100.0	22.5	77.5	100.0	31.3	68.7	100.0
교회가 학교를 지원	70	66	136	55	64	119	15	2	17
	51.5	48.5	100.0	46.2	53.8	100.0	88.2	11.8	100.0

				31	89	120			
학교가 지역교회와 연계	-	-	-	25.8	74.2	100.0	-	-	-
교회와 연계하지 않음	-	-	-	30	90	120	-	-	-
	-	-	-	25.0	75.0	100.0	-	-	-

　　기독교학교가 교회와 어떤 연계를 맺고 있는지를 정확히 파악하기 위해서는 학교를 대상으로 한 실태 설문조사를 기준으로 하는 것이 요청된다. 교회의 응답과 학교의 응답이 중복될 수 있는 가능성이 있기 때문에 전체의 설문 응답보다는 학교의 응답을 위주로 하는 것이 더 분명하기 때문이다.

　　설문조사 결과를 살펴보면, 전체 120개교 가운데 교회가 학교를 설립한 경우는 32.5%였고, 그렇지 않은 경우가 67.5%로 나타났다. 전체 학교의 약 3분의 1이 교회가 설립한 학교인 셈이다. 교회가 학교를 예배당으로 사용하는 경우는 53개교로써 전체의 44.5%를 차지하는 것으로 나타났고, 학교가 교회를 학교의 교육용도로 사용하는 경우는 22.5%에 불과한 것으로 나타났다. 즉 건물 사용에 있어서는 교회가 주로 학교를 의존하는 형태이지 학교가 교회를 의존하는 형태는 아님을 알 수 있다. 교회가 학교를 지원하는 여부는 46.2%가 그렇다고 응답하여 절반에 약간 못 미치는 정도로 교회가 학교를 지원하고 있음을 알 수 있다. 학교가 지역사회와 연계를 맺는 정도는 상대적으로 미약한 것으로 나타나고 있는데 25.8%만이 연계하고 있다고 응답하였다. 그리고 교회와 전혀 연계되고 있지 않다고 응답한 학교도 25%나 되는 것으로 나타나서 보다 밀접한 교회와 학교의 연계가 요청되고 있음을 알 수 있다.

〈표 10〉 학교 종류에 따른 학교-교회 연계 유형 실태

		기독교계 사립학교	기독교대안학교	전체
교회가 학교를 설립 x^2=5.225^a (df=1, p=.019)	했다	18	21	39
		24.7	44.7	32.5
	안 했다	55	26	81
		75.3	55.3	67.5
교회가 학교를 예배당으로 사용 x^2=12.982^a (df=1, p=.000)	한다	23	30	53
		31.5	65.2	44.5
	안 한다	50	16	66
		68.5	34.8	55.5
학교가 교회를 학교 건물로 사용	한다	15	12	27
		20.5	25.5	22.5
	안 한다	58	35	93
		79.5	74.5	77.5
교회가 학교를 지원	한다	33	22	55
		45.8	46.8	46.2
	안 한다	39	25	64
		54.2	53.2	53.8
학교가 지역교회와 연계	한다	20	11	31
		27.4	23.4	25.8
	안 한다	53	36	89
		72.6	76.6	74.2
어느 형태로든 교회와 연계 x^2=6.167^a (df=1, p=.010)	한다	24	6	30
		32.9	12.8	25.0
	안 한다	49	41	90
		67.1	87.2	75.0

　　학교 종류에 따른 교회와 학교의 연계 유형의 차이를 분석해 보면 기독교계 사립학교인 미션스쿨인가 기독교대안학교인가에 따라 유의미한 차이가 있는 것으로 나타나고 있다. 미션스쿨의 경우 교회가 학교를 설립한 비율은 24.7%인데, 교회가 기독교대안학교를 설립한 비율은 44.7%에 달하였다. 즉 교회가 학교

를 설립한 경우, 그 학교가 기독교대안학교일 가능성이 훨씬 높은 것이다. 이는 최근 교회가 기독교대안학교를 활발하게 세우는 경향이 있으며, 미인가로, 그리고 소규모로 학교를 시작할 수 있기 때문인 것으로 보여진다. 교회가 학교를 예배당으로 사용하는지의 여부도 미션스쿨인지 기독교대안학교인지에 따라서 의미 있는 차이를 보이고 있다. 미션스쿨의 경우 교회가 예배당으로 사용하는 경우는 31.5%인 데 비해, 기독교대안학교의 경우 교회가 예배당으로 사용하는 비율은 65.2%나 되었다. 이는 기독교대안학교의 경우가 교회와 보다 강한 연계성을 지니고 있는 경향을 보여 주는 한 예라고 할 수 있을 것이다.

교회와 학교의 연계 방식이 학교의 교단 소속 여부에 따라서도 의미 있는 차이를 보이고 있는 것으로 나타나고 있다. 학교가 교단에 속해 있는 경우 (55.4%)가 그렇지 않은 경우(2.0%)보다 교회가 학교를 설립하는 비율이 월등히 높았다. 사실 한 학교만 제외하고는 모든 교회 설립 학교는 교단에 속해 있는 것

〈표 11〉 학교의 교단 소속 여부에 따른 학교-교회 연계 유형 실태

		교단에 속해 있다	교단에 속하지 않았다	전체
교회가 학교를 설립 $x^2=37.584^a$ (df=1, p=.000)	했다	36	1	37
		55.4	2.0	31.9
	안 했다	29	50	79
		44.6	98.0	68.1
교회가 학교를 예배당으로 사용	한다	33	17	50
		50.8	34.0	43.5
	안 한다	32	33	65
		49.2	66.0	56.5
학교가 교회를 학교 건물로 사용 $x^2=3.951^a$ (df=1, p=.037)	한다	19	7	26
		29.2	13.7	22.4
	안 한다	46	44	90
		70.8	86.3	77.6

교회가 학교를 지원 x^2=22.832ª (df=1, p=.000)	한다	43	11	54
		66.2	21.6	46.6
	안 한다	22	40	62
		33.8	78.4	53.4
학교가 지역교회와 연계	한다	19	10	29
		29.2	19.6	25.0
	안 한다	46	41	87
		70.8	80.4	75.0
어느 형태로든 교회와 연계 x^2=17.565ª (df=1, p=.000)	한다	7	23	30
		10.8	45.1	25.9
	안 한다	58	28	86
		89.2	54.9	74.1

으로 보아야 한다. 학교가 교회를 학교 건물로 사용하는 경우에 있어서도 교단에 속해 있는 경우가 29.2%로써 교단에 속하지 않은 경우(13.7%)보다 훨씬 높게 나타나고 있고, 교회가 학교를 지원하는 것도 교단에 속해 있는 경우가 66.2%로써 교단에 속하지 않은 경우(21.6%)보다 훨씬 높게 나타나고 있다. 전체적으로 교단에 속해 있는 경우가 그렇지 않은 경우보다 교회와 학교의 연계가 강한 경향이 지니고 있음 알 수 있다.

이러한 경향은 아래 도표와 같이 교단에 속해 있는 경우와 그렇지 않은 경우에 따른 기독교학교와 교회의 연계 정도에 대한 반응에서도 나타나고 있다. 교단에 속해 있는 경우 학교와 교회가 연계되고 있는지에 대해서 매우 그렇다가 13.3%로써 교단에 속해 있지 않은 경우의 4.3%보다 훨씬 높게 나왔으며, 그렇다는 반응도 교단에 속해 있는 경우가 33.3%로써 교단에 속해 있지 않은 경우의 12.8%보다 훨씬 높게 나타나고 있다.

4. 정관에 나타난 학교-교회 연계

기독교학교와 교회의 연계와 연계 방식을 분명히 하기 위해서는 학교의 정관에 구체적으로 규정할 필요가 있다. 이사 파송이나 선임 기준이나 방식, 정관 변경 시 교회의 인준 여부, 교회에 대한 정기적인 학사 보고 그리고 교회의 재정적인 지원 등에 관한 규정이 포함될 수 있다.

〈표 12〉 법인정관상 규정

응답기관수(개, 전체=137 : 학교=120, 교회=17)/백분율(%)

	전체		학교		교회	
	예	아니오	예	아니오	예	아니오
교회(또는 교단, 노회)에서 이사 파송을 한다.	15	122	12	108	3	14
	10.9	89.1	10.0	90.0	17.6	82.4
교회(또는 교단, 노회)에서 이사 선임 인준 혹은 추천을 한다.	17	120	12	108	5	12
	12.4	87.6	10.0	90.0	29.4	70.6
정관 변경 시 교회(또는 교단, 노회)의 인준을 거친다.	9	128	5	115	4	13
	6.6	93.4	4.2	95.8	23.5	76.5
교회(또는 교단, 노회)에 정기적으로 학사 보고를 한다.	25	112	18	102	7	10
	18.2	81.8	15.0	85.0	41.2	58.8
교회(또는 교단, 노회)에 정기적으로 재정 지원을 받는다.	22	115	18	102	4	13
	16.1	83.9	15.0	85.0	23.5	76.5
해당사항 없다.	86	51	81	39	5	12
	62.8	37.2	67.5	32.5	29.4	70.6

기독교학교의 정관에 있어서 학교-교회의 연계가 어떻게 규정되어 있는지를 묻는 설문에 대해서 교회(또는 교단, 노회)에서 이사를 파송하는 경우는 10.9%

에 해당하였고, 교회(또는 교단, 노회)에서 이사 선임 인준을 하거나 이사를 추천하는 경우는 12.4%, 정관 변경 시 교회(또는 교단, 노회)의 인준을 거치는 경우는 6.6%로 나타났다. 그런데 교회(또는 교단, 노회)에 정기적으로 학사 보고를 하는 경우는 18.2%로서 상대적으로 높았고, 교회(또는 교단, 노회)에 정기적으로 재정 지원을 받는 경우도 16.1%로 나타났다.

5. 학교-교회 의사소통의 통로

학교-교회의 연계는 의사소통의 문제와 분리될 수 없다. 학교와 교회가 보다 건강한 연계를 갖기 위해서는 건강한 의사소통의 통로가 필요하다. 일반적으로 학교와 교회의 의사소통의 역할을 할 수 있는 회의로는 이사회, 대표자 회의, 실무자 회의 등을 들 수 있다.

〈표 13〉 학교-교회 의사소통

응답기관수(개)/백분율(%)

	회의 유무				정기적 실시					
	있다	없다	무응답	전체	매주	매월	매분기	매학기	매년	전체
이사회	61	38	38	137	1	4	21	12	10	48
	44.5	27.7	27.7	100.0	2.1	8.3	43.8	25.0	20.8	100.0
대표자 회의	41	47	49	137	7	7	11	6	4	35
	29.9	34.3	35.8	100.0	20.0	20.0	31.4	17.1	11.4	100.0
실무자 회의	44	44	49	137	16	9	7	5	3	40
	32.1	32.1	35.8	100.0	40.0	22.5	17.5	12.5	7.5	100.0

본 설문조사에서 학교-교회의 연계가 이루어지는 의사소통의 통로로 이

사회를 두고 있는 경우가 44.5%, 대표자 회의가 있는 경우가 29.9%, 그리고 실무자 회의가 있는 경우가 32.1%로 나타났다. 이사회의 경우는 매분기마다 실시하는 경우가 43.8%로써 가장 많았으며, 매학기는 25%, 년 1회 모이는 경우는 20.8%인 것으로 나타났다. 대표자 회의의 경우는 매분기 모임을 갖는 경우가 31.4%로써 가장 많았으며, 실무자 회의인 경우는 매주 모이는 경우가 40%로써 가장 많았다.

6. 학교-교회 연계 정도

한국의 기독교학교와 교회의 연계는 과연 어느 정도일까? 어떤 방식으로 연계하고 있는지를 묻는 것도 중요하지만, 학교-교회의 연계 정도를 직접 판단하여 반응하도록 함으로써 파악할 수 있다. 본 설문조사에서 학교-교회 연계 정도를 묻고 이를 전체 응답, 학교의 응답, 교회의 응답으로 분류하였다. 그 결과를 표로 나타내면 다음과 같다.

〈표 14〉 학교-교회 연계 정도

응답기관수(개)/백분율(%)

	매우 그렇다	그렇다	보통이다	그렇지 않다	매우 그렇지 않다	전체	평균 (100점 환산)
전체	18	32	37	25	15	127	3.10 (62.0점)
	14.2	25.2	29.1	19.7	11.8	100.0	
학교	11	27	36	22	14	110	2.99 (59.8점)
	10.0	24.5	32.7	20.0	12.7	100.0	
교회	7	5	1	3	1	17	3.82 (76.5점)
	41.2	29.4	5.9	17.6	5.9	100.0	

학교-교회의 연계 정도를 파악하기 위해서 5단 척도로 질문한 결과, 매우 그렇다가 14.2%, 그렇다가 25.2%로써 부정적인 응답보다 약간 많아서 평균 점수가 3.10으로 나타나고 있다. 이를 학교의 응답과 교회의 응답으로 나누어 분석해 보면, 학교는 학교-교회 연계에 대해서 상대적으로 부정적인 응답(2.99)을 나타내고 있으며, 교회는 긍정적인 응답(3.82)을 나타내고 있다. 이를 100점 만점의 점수로 환산하면 전체 평균은 62점인 데 비해, 학교는 59.8점으로 상대적으로 낮았고, 교회는 76.5점으로써 월등히 높게 나타나고 있다. 이는 교회는 학교와 깊은 연계를 맺고 있다고 생각하는 것에 비해 학교는 학교-교회의 연계가 강하다고 생각하지 않는 경향이 있음을 보여 준다.

기독교학교가 교단에 속해 있는지 그렇지 않은지에 따라서 학교-교회 연계 정도에 어떤 차이가 나타나는지를 파악하면 아래의 표와 같다. 교단에 속한 경우는 매우 그렇다와 그렇다라고 응답한 경우가 46.6%로써 평균 3.32를 기록하고 있다. 이에 비해서 교단에 속하지 않은 경우는 매우 그렇다와 그렇다라고 응답한 경우가 17.1%로써 상대적으로 연계 정도가 크게 낮은 것을 알 수 있다. 이는 교단에 속한 기독교학교가 교단에 대한 소속감이 있고, 교회와 보다 긴밀한 연계 관계를 갖고 있음을 보여 준다.

〈표 15〉 학교의 소속 여부에 따른 학교- 교회 연계 정도

	매우 그렇다	그렇다	보통이다	그렇지 않다	매우 그렇지 않다	전체	평균
교단에 속해 있다	8	20	19	9	4	60	3.32 (66.3점)
	13.3	33.3	31.7	15.0	6.7	100.0	
교단에 속하지 않았다	2	6	16	13	10	47	2.51 (50.2점)
	4.3	12.8	34.0	27.7	21.3	100.0	

x^2=13.311^a (df=4, p=.010)

7. 학교-교회 연계 방식

기독교학교와 교회는 다양한 연계 방식을 지니고 있다. 학교와 교회 현장에 몸담고 있는 전문가들이 포함된 전문가협의회를 통해 설문 문항을 수정, 보완하여 가능한 연계 방식을 다양하게 제시하였다. 그리고 이러한 방식으로 연계를 하는지를 '한다', '안 한다'로 응답하도록 하였다.

교회와 기독교학교가 연계하고 있는 방식은 매우 다양한 것으로 나타나고 있는데, 그중 가장 많이 실천되고 있는 방식부터 설명하면 다음과 같다.

가장 일반적으로 교회가 기독교학교와 연계되는 방식은 장학금 지원으로 나타났다. 설문 응답자 전체의 46%가 교회가 학교에 장학금을 지원한다고 응답하고 있는 것이다. 즉 시설 지원이나 인적 자원 파송 같은 방식보다는 학생들의 장학금을 교회가 지원함으로써 학교와 연계하고 있는 것이 가장 보편적인 방법임을 알 수 있다. 그 다음으로는 학교예배 시에 연계된 교회 목사님이 지속적으로 혹은 정기적으로 말씀을 전해 주시는 방식으로 연계되고 있다는 응답이 39.4%에 해당한다. 기독교학교의 예배시간에 연계된 교회의 목사님이 설교해 주시는 경우를 일컫는다. 세 번째는 교회가 학교의 시설을 확충하거나 보수하는 것을 지원하는 경우로서 전체의 28.5%가 응답하고 있다. 그 다음이 학교에서 전도된 학생들을 지역교회의 교회학교로 출석케 하는 것, 그리고 교회가 학교에 채플장소를 제공하는 것, 학교가 교회의 일부 시설을 주중에 사용하는 등의 방식으로 연계하고 있음을 알 수 있다. 상대적으로 낮은 응답이 나온 연계 방식은 교회가 학교의 운영 및 재정을 총괄하는 경우로 전체 응답의 2.9%였다. 즉 교회가 학교의 세부적인 운영까지 관장하는 경우는 거의 없음을 알 수 있다. 그리고 교회가 학교의 교육과정에 직접 관여하는 경우도 적은 것으로 나타나고 있는데, 교회가 학교 학생에게 종교교과서를 제공하는 것이나 학교교육 과정 수립에 관여하는 경우는 많지 않은 것으로 나타나고 있다.

학교-교회 연계 방식이 학교의 종류나 교단 소속 학교 여부에 따라서 어떤 차이가 있을까? 본 연구에서는 이를 분석하기 위해 학교-교회 연계방식 29개 가운데 1~10위에 해당되는 문항에 대한 교차분석을 실시하였다.

교회와 학교가 연계를 맺는 방식 가운데 높은 반응을 보인 10개의 항목을 학교 종류별로 교차분석을 한 결과, 의미 있는 차이가 나타나고 있다(《표 17》). 제일 높은 연계 방식으로 지목된 '교회가 학교에 장학금을 지원'하는 방식의 연계에 대해서 미션스쿨은 49.3%로 높게 나온 반면에 기독교대안학교는 29.8%로 상대적으로 낮게 나타나고 있다. 이는 교회가 미션스쿨과의 연계로 장학금 지원 방식을 선호하고 있는 데 비해서 교회가 기독교대안학교와 관계 맺는 방식은 장학금 지원과는 다른 방식이 주종을 이루고 있음을 알 수 있다. 반대로 교회가 학교 시설, 보수를 지원하는 경우는 기독교대안학교가 상대적으로 높았는데 그 비율이 40.4%로써 미션스쿨(12.3%)에 비해 세 배 이상 높은 응답이라고 할 수 있다. 이는 기독교대안학교가 시설이나 환경이 미비하기 때문에 더 많은 지원이 필요하다는 설명도 가능하지만 교회와 기독교대안학교가 하드웨어 부분에 있어서 더 깊은 교류를 하고 있음을 드러내고 있다. 학교에서 전도된 학생들을 지역교회나 교회학교로 출석하게 하는 것에 있어서는 단연 미션스쿨이 높게 나왔는데, 미션스쿨이 34.2%인 데 비해서 기독교대안학교는 12.8%로 나타나고 있다. 이는 미션스쿨이 학원 선교를 중시하고 평준화 정책 이후 믿지 않는 학생들이 학교에 많이 들어오는 것에 비해서 기독교대안학교는 기독교 가정의 자녀들을 교육의 주 대상으로 삼고 있기 때문으로 추정된다. 교회가 학교에 주중에 일부 교회의 시설을 사용하도록 개방하는 정도는 기독교대안학교가 훨씬 높게 나타내고 있는데, 기독교대안학교는 44.7%인 것에 비해서 미션스쿨은 11.0%에 불과하였다.

〈표 16〉 학교-교회 연계 방식

응답기관수(개, 전체=137 : 학교=120, 교회=17)/백분율(%)

	전체		학교		교회	
	한다	안 한다	한다	안 한다	한다	안 한다
1. 교회는 학교에 장학금을 지원한다.	63	74	50	70	13	4
	46.0	54.0	41.7	58.3	76.5	23.5
2. 학교예배 시 연계된 교회 목사님이 지속적으로 혹은 정기적으로 말씀을 전한다.	54	83	46	74	8	9
	39.4	60.6	38.3	61.7	47.1	52.9
3. 교회는 학교 시설·보수를 지원한다.	39	98	28	92	11	6
	28.5	71.5	23.3	76.7	64.7	35.3
4. 학교에서 전도된 학생들을 지역교회 교회학교로 출석케 한다.	38	99	31	89	7	10
	27.7	72.3	25.8	74.2	41.2	58.8
5. 교회가 학교에 채플장소를 제공한다.	36	101	29	91	7	10
	26.3	73.7	24.2	75.8	41.2	58.8
6. 학교는 교회의 일부 시설을 주중에 사용한다.	35	102	29	91	6	11
	25.5	74.5	24.2	75.8	35.3	64.7
7. 교회와 학교는 예배 이외에 연계해 진행하는 프로그램이 있다.	35	102	26	94	9	8
	25.5	74.5	21.7	78.3	52.9	47.1
8. 교회는 학교 행사(입학식, 졸업식 등)에 참여한다.	35	102	25	95	10	7
	25.5	74.5	20.8	79.2	58.8	41.2
9. 학교에서 전도된 학생들은 연계 교회에 출석한다.	33	104	27	93	6	11
	24.1	75.9	22.5	77.5	35.3	64.7
10. 학교를 예배당으로 사용하는 교회가 주중에도 학교의 시설을 활용한다.	32	104	25	95	7	10
	23.4	75.6	20.8	81.1	41.2	58.8
11. 교회는 학교 절기행사를 지원한다.	29	108	26	94	3	14
	21.2	78.8	21.7	78.3	17.6	82.4

항목						
12. 교회는 학교 교목실의 교역자를 파송한다.	29	108	20	100	9	8
	21.2	78.8	16.7	83.3	52.9	47.1
13. 교회는 학교의 운영비를 지원한다.	28	109	21	99	7	10
	20.4	79.6	17.5	82.5	41.2	58.8
14. 교회가 학교 건물을 건축했다.	28	109	19	101	9	8
	20.4	79.6	15.8	84.2	52.9	47.1
15. 교회 교인들이 학교에 자원봉사(재능기부)를 한다.	27	110	21	99	6	11
	19.7	80.3	17.5	82.5	35.3	64.7
16. 교회는 학교에 신앙교육(교목실)과 관련하여 재정을 지원한다.	21	116	19	101	2	15
	15.3	84.7	15.8	84.2	11.8	88.2
17. 교회가 학교의 기독동아리(CA)를 돕고 있다.	20	117	18	102	2	15
	14.6	85.4	15.0	85.0	11.8	88.2
18. 교회가 학교의 설립 정신을 유지하고자 교사 교육을 실시한다	20	117	13	107	7	10
	14.6	85.4	10.8	89.2	41.2	58.8
19. 교회가 학교예배에 문화공연 등을 지원한다.	19	118	17	103	2	15
	13.9	86.1	14.2	85.8	11.8	88.2
20. 교회가 학교 학생에게 성경, 찬송을 제공한다.	17	120	12	108	5	12
	12.4	87.6	10.0	90.0	29.4	70.6
21. 교회가 학교 학생의 급식비, 간식비를 보조한다.	16	121	14	106	2	15
	11.7	88.3	11.7	88.3	11.8	88.2
22. 교회가 학교 설립 정신을 유지하고자 이사 교육을 실시한다.	13	124	11	109	2	15
	9.5	90.5	9.2	90.8	11.8	88.2
23. 교회가 학교와 지역교회의 연계를 높는다.	13	124	10	110	3	14
	9.5	90.5	8.3	91.7	17.6	82.4
24. 교회가 학교의 교사 복지를 지원한다.	13	124	9	111	4	13
	9.5	90.5	7.5	92.5	23.5	76.5
25. 교회 교인들이 학교에서 전도 프로그램을 실시한다.	12	125	9	111	3	14
	8.8	91.2	7.5	92.5	17.6	82.4
26. 학교의 주 모집 대상은 연계 교회의 교인 자녀, 교회학교 학생이다.	10	127	6	114	4	13
	7.3	92.7	5.0	95.0	23.5	76.5

		7	130	4	116	3	14
27. 학교교육과정 수립에 교회가 관여한다.		5.1	94.9	3.3	96.7	17.6	82.4
28. 교회는 학교 학생에게 종교교과서를 제공한다.		4	133	4	116	0	17
		2.9	97.1	3.3	96.7	.0	100.0
29. 교회는 학교의 운영 및 재정을 총괄한다.		4	133	3	117	1	16
		2.9	97.1	2.5	97.5	5.9	94.1

〈표 17〉 학교 종류에 따른 학교-교회 연계 방식

		기독교계사립학교	기독교대안학교	전체
1. 교회는 학교에 장학금을 지원한다. $x^2=4.486^a$ (df=1, p=.026)	한다	36	14	50
		49.3	29.8	41.7
	안 한다	37	33	70
		50.7	70.2	58.3
2. 학교예배 시 연계된 교회 목사님이 지속적으로 혹은 정기적으로 말씀을 전한다.	한다	24	22	46
		32.9	46.8	38.3
	안 한다	49	25	74
		67.1	53.2	61.7
3. 교회는 학교 시설·보수를 지원한다. $x^2=12.617^a$ (df=1, p=.000)	한다	9	19	28
		12.3	40.4	23.3
	안 한다	64	28	92
		87.7	59.6	76.7
4. 학교에서 전도된 학생들을 지역교회 교회학교로 출석케 한다. $x^2=6.886^a$ (df=1, p=.007)	한다	25	6	31
		34.2	12.8	25.8
	안 한다	48	41	89
		65.8	87.2	74.2
5. 교회가 학교에 채플장소를 제공한다.	한다	14	15	29
		19.2	31.9	24.2
	안 한다	59	32	91
		80.8	68.1	75.8

6. 교회가 학교에 주중에 일부 교회의 시설을 사용하도록 개방한다. $x^2=17.741^a$ (df=1, p=.000)	한다	8	21	29
		11.0	44.7	24.2
	안 한다	65	26	91
		89.0	55.3	75.8
7. 교회와 학교는 예배 이외에 연계해서 진행하는 프로그램이 있다	한다	13	13	26
		17.8	27.7	21.7
	안 한다	60	34	94
		82.2	72.3	78.3
8. 교회는 학교 행사(입학식, 졸업식 등)에 참여한다. $x^2=3.756^a$ (df=1, p=.045)	한다	11	14	25
		15.1	29.8	20.8
	안 한다	62	33	95
		84.9	70.2	79.2
9. 학교에서 전도된 학생들은 연계 교회에 출석한다.	한다	20	7	27
		27.4	14.9	22.5
	안 한다	53	40	93
		72.6	85.1	77.5
10. 교회가 학교를 예배당으로 사용하는 경우, 학교의 시설을 주중에도 활용한다.	한다	15	11	26
		20.5	23.4	21.7
	안 한다	58	36	94
		79.5	76.6	78.3

　　대부분의 미션스쿨은 자기 교육 시설을 어느 정도 충분히 갖추고 있기 때문에 주중에 교회를 사용할 필요성이 약한 데 비해서 기독교대안학교는 시설의 미비로 교회 시설에 대한 의존도가 높다. 교회가 학교의 행사에 참여하는 정도에 있어서도 기독교대안학교가 상대적으로 높게 나타나고 있는데, 기독교대안학교는 29.8%가, 그리고 미션스쿨은 15.1%가 이에 응답하고 있다. 이 역시 기독교대안학교와 학교의 관계가 보다 밀착되어 있음을 보여 주는 증거라고 할 수 있을 것이다.

〈표 18〉 학교의 교단 소속 여부에 따른 학교-교회 연계 방식

		교단에 속해 있다	교단에 속하지 않았다	전체
1. 교회는 학교에 장학금을 지원한다.	한다	32	17	49
		49.2	33.3	42.2
	안 한다	33	34	67
		50.8	66.7	57.8
2. 학교예배 시 연계된 교회 목사님이 지속적으로 혹은 정기적으로 말씀을 전한다.	한다	28	16	44
		43.1	31.4	37.9
	안 한다	37	35	72
		56.9	68.6	62.1
3. 교회는 학교 시설·보수를 지원한다. $x^2=9.250^a$ (df=1, p=.002)	한다	22	5	27
		33.8	9.8	23.3
	안 한다	43	46	89
		66.2	90.2	76.7
4. 학교에서 전도된 학생들을 지역교회 교회학교로 출석케 한다.	한다	16	14	30
		24.6	27.5	25.9
	안 한다	49	37	86
		75.4	72.5	74.1
5. 교회가 학교에 채플장소를 제공한다. $x^2=3.550^a$ (df=1, p=.047)	한다	20	8	28
		30.8	15.7	24.1
	안 한다	45	43	88
		69.2	84.3	75.9
6. 교회가 학교에 주중에 일부 교회의 시설을 사용하도록 개방한다. $x^2=5.389^a$ (df=1, p=.016)	한다	21	7	28
		32.3	13.7	24.1
	안 한다	44	44	88
		67.7	86.3	75.9
7. 교회와 학교는 예배 이외에 연계해서 진행하는 프로그램이 있다.	한다	16	9	25
		24.6	17.6	21.6
	안 한다	49	42	91
		75.4	82.4	78.4
8. 교회는 학교 행사(입학식, 졸업식 등)에 참여한다. $x^2=7.430^a$ (df=1, p=.005)	한다	20	5	25
		30.8	9.8	21.6
	안 한다	45	46	91
		69.2	90.2	78.4

9. 학교에서 전도된 학생들은 연계 교회에 출석한다. $x^2=7.430^a$ (df=1, p=.005)	한다	20	5	25
		30.8	9.8	21.6
	안 한다	45	46	91
		69.2	90.2	78.4
10. 교회가 학교를 예배당으로 사용하는 경우, 학교의 시설을 주중에도 활용한다. $x^2=10.225^a$ (df=2, p=.006)	한다	20	4	24
		30.8	7.8	20.7
	안 한다	44	47	91
		67.7	92.2	78.4

학교-교회 연계 방식과 교단 소속 학교인지의 여부와의 교차분석을 해보면 위의 도표에서 보듯이 기독교학교의 교단 소속 여부에 따라 교회가 학교에 대한 지원과 협력의 방식에 있어서 차이가 나타나고 있는데, 학교가 교단에 속해 있는 경우가 그렇지 않은 경우에 비해 보다 적극적인 지원과 협력을 도모하는 것으로 나타나고 있다. 특히 의미 있는 차이를 보이는 항목을 보면 교단에 속해 있는 학교의 경우, 연계 교회가 학교 시설, 보수를 지원하는 비율이 33.8%로서 그렇지 않은 경우인 9.8%보다 훨씬 높게 나타나고 있다. 또한 교회가 학교에 채플장소를 제공하는 것이나 학교가 교회의 일부 시설을 주중에 사용하는 데 있어서 교단 소속인 경우가 상대적으로 적극적이며 협력이 돈독함을 알 수 있다. 그밖에도 학교가 교단에 속해 있는 경우가 교회의 학교 행사 참여나 전도된 학생들의 교회 출석, 그리고 학교 시설의 활용에 있어서 활발한 것으로 나타나고 있다.

8. 논의

본 학교-교회 연계 실태조사를 통해 기독교학교와 교회의 연계가 어떤 형태이고 어느 정도인지가 개략적으로 파악되었다. 학교와 교회가 연계되는 방식은 교회가 학교를 지원하는 유형이 가장 많았으며, 그 다음이 교회가 학교를 예배당으로 사용하는 유형, 그리고 교회가 학교를 설립한 유형의 순인데 교회가 학교를 설립한 경우는 전체 학교의 32.5%로써 약 3분의 1 정도의 기독교학교가 교회에 의해 설립된 셈이다. 특히 기독교대안학교의 경우는 교회가 설립한 비율이 44.7%에 달했으며, 교회가 예배당으로 사용하는 경우도 미션스쿨보다 상당히 높은 것으로 나타나고 있다. 전체 기독교학교의 86.7%는 이사회가 조직되어 있었으나, 기독교대안학교의 경우는 31.9%가 이사회가 없는 것으로 나타나서 학교의 독립성에 문제가 있을 수 있음을 드러내고 있다. 이사장이나 교장 개개인의 교회 직분은 장로 또는 목사가 가장 많은 비중을 차지하여서 연계의 가능성은 높으나 구조적인 연계에 대해서는 개선의 노력이 요청된다.

전체적으로 교단에 속해 있는 학교가 교회와의 연계가 긴밀한 것으로 나타나고 있는데, 그렇지 않은 경우와 대비해 볼 때 확연한 차이를 보이고 있다. 그런데 공식적으로 정관상에서 교회가 학교에 이사 파송을 명시하거나 학교-교회 연계를 규정하고 있는 비율은 매우 낮기 때문에 갈등이 발생할 때 이를 해결할 수 있는 장치가 부족함을 알 수 있다. 학교와 교회의 연계 정도에 대한 반응은 3.10으로써 평균을 약간 웃도는 수준인데, 학교의 경우는 2.99로써 교회의 3.82보다 상대적으로 훨씬 부정적인 인식을 보이고 있다. 이는 교회는 학교와 잘 연계하고 있다고 생각하는 경향이 높은 반면에 기독교학교는 교회와의 연계에 있어서 부족함이나 문제가 있다고 인식하는 경향이 있음을 보여 준다. 이는 교회가 학교의 입장에서 지원하고 연계할 것을 요청하는 대목이기도 한데, 보다 활발한 의사소통을 통해서 서로가 만족할 수 있는 연계 방안을 모색해야 할 것이다.

IV. 의식조사 분석

기독교학교와 교회가 어떤 관계를 지녀야 하는지에 대한 의식을 묻는 설문조사는 크게 '학교-교회 연계 중요도,' '학교-교회 연계 만족도,' '학교-교회 연계 인식도,' '학교-지역교회 연계 인식도,' 그리고 '학교-한국교회 연계 인식도' 등의 항목을 포함하여 실시하였다.

1. 학교-교회 연계 중요도

〈표 19〉 학교-교회 연계 중요도

응답자수(명)/백분율(%)

	매우 그렇지 않다	그렇지 않다	보통 이다	그렇다	매우 그렇다	전체	평균	전체 평균
1-1) 다음세대 교육을 위해 학교와 교회 연계는 필요하다.	3	22	83	335	381	824	4.30	
	0.4	2.7	10.1	40.7	46.2	100.0		
1-2) 기독교학교교육은 교회의 본질적인 사명 중 하나이다.	1	28	100	324	373	826	4.26	4.26 (85.2점)
	0.1	3.4	12.1	39.2	45.2	100.0		
1-3) 기독교학교와 교회는 긴밀히 협력해야 한다.	1	25	93	342	362	823	4.26	
	0.1	3.0	11.3	41.6	44.0	100.0		
1-4) 기독교학교와 교회는 서로에게 필요하다.	2	28	109	346	337	822	4.20	
	0.2	3.4	13.3	42.1	41.0	100.0		

먼저 학교-교회 연계의 중요도에 대한 인식을 보면 전체적으로 높게 나타나고 있는데 해당되는 문항에 대한 응답을 점수화하면 전체 평균이 4.26으로 나타나고 있다. 다음세대 교육을 위해 학교와 교회의 연계는 필요하다는 질문에 대해 '매우 그렇다'가 46.2%, '그렇다'가 40.7%로써 86.9%가 이에 동의하고 있음을 알 수 있다. 기독교학교교육은 교회의 본질적인 사명이라고 인식하는 것

도 높은 편인데 '매우 그렇다'가 45.2%, '그렇다'가 39.2%로써 84.4%가 긍정적으로 응답하였다. 기독교학교와 교회는 긴밀히 협력해야 한다고 생각하는 경우도 전체의 85.6%가 '매우 그렇다' 또는 '그렇다'로 응답하였으며, 기독교학교와 교회는 서로에게 필요하다는 질문에 대해서도 83.1%가 공감하는 것으로 나타나고 있다. 한마디로 기독교학교와 교회의 연계가 필요하고 중요하다는 큰 이견이 없는 것으로 볼 수 있는 셈이다.

2. 학교-교회 연계 만족도

〈표 20〉 학교-교회 연계 만족도

응답자수(명)/백분율(%)

	매우 그렇지 않다	그렇지 않다	보통 이다	그렇다	매우 그렇다	전체	평균	전체 평균
2-1) 현재 학교와 교회의 관계는 만족스럽다.	51	193	313	195	71	823	3.05	3.37
	6.2	23.5	38.0	23.7	8.6	100.0		
2-2) 현재 학교와 교회는 긴밀하게 협력하고 있다.	50	202	275	216	78	821	3.09	
	6.1	24.6	33.5	26.3	9.5	100.0		
2-3) 현재 학교-교회 연계가 교회에 큰 도움이 되고 있다.	40	157	321	243	61	822	3.16	
	4.9	19.1	39.1	29.6	7.4	100.0		
2-4) 현재 학교-교회 연계가 학교에 큰 도움이 되고 있다.	42	145	275	263	90	815	3.26	
	5.2	17.8	33.7	32.3	11.0	100.0		
2-5) 앞으로 학교와 교회가 더 협력하기를 희망한다.	5	16	101	325	377	824	4.28	
	0.6	1.9	12.3	39.4	45.8	100.0		

그런데 학교-교회 연계에 대해 현재 만족하고 있는지를 묻는 설문에서는 앞의 학교-교회 연계 중요도에 대한 응답보다는 긍정적인 반응이 상대적으로 낮은 것으로 나타나고 있다. 학교-교회 연계 만족도 문항의 전체 응답을 점수화

하면 평균 3.37이다. 위 도표에서 마지막 문항인 향후 학교와 교회의 협력에 대한 희망을 묻는 질문을 제외하면 평균 점수는 더 내려가는데 3.14에 불과하다. 이는 학교-교회 연계의 필요성과 중요성은 인정하지만 현실적으로 제대로 이루어지고 있지는 않다는 반응이라고 할 수 있다.

먼저 포괄적으로 만족도를 묻는 질문인 현재 학교와 교회의 관계는 만족스럽다는 문항에 대해서는 3.05, 현재 학교와 교회는 긴밀하게 협력하고 있다는 문항에 대해서는 3.09, 현재 학교-교회 연계가 교회에 큰 도움이 되고 있다는 문항에 대해서는 3.16, 그리고 현재 학교-교회 연계가 학교에 큰 도움이 되고 있다는 문항에 대해서는 3.26으로 나타나고 있다. 앞으로 학교와 교회가 더 협력하기를 희망한다는 설문에 대해서는 '매우 그렇다'가 45.8%, '그렇다'가 39.4%로써 85.2%가 긍정적으로 반응하고 있어서 평균 점수는 4.28로 나타나고 있다. 즉 현재의 학교-교회 관계는 만족하지 못하지만 향후 더 긴밀한 협력관계를 맺기를 원하고 있는 것이다.

3. 학교-교회 연계 인식도

학교-교회 연계에 대한 인식이 긍정적인지 부정적인지를 파악하는 인식조사에서는 전체적으로는 평균 3.18을 보이고 있지만 구체적인 분항에서는 설문에 따라 다른 반응을 보이고 있음을 알 수 있다. 일반적으로 5단계 척도의 경우 3점을 기준으로 그보다 높을 때는 긍정적인 것으로, 그보다 낮은 경우는 부 정적인 것으로 볼 수 있는데, 평균 3.0을 상회하는 항목부터 살펴보기로 한다.

〈표 21〉 학교-교회 연계 인식도

응답자수(명)/백분율(%)

	매우그렇지 않다	그렇지 않다	보통 이다	그렇다	매우 그렇다	전체	평균	전체 평균
3-1) 교회가 기독교학교에 많은 관심을 갖고 있다.	16	149	258	283	117	823	3.41	
	1.9	18.1	31.3	34.4	14.2	100.0		
3-2) 교회가 기독교학교의 기독교적 교육철학을 세우는 데 도움이 된다.	23	111	261	296	128	819	3.48	
	2.8	13.6	31.9	36.1	15.6	100.0		
3-3) 교회가 기독교학교를 충분히 지원하고 있다.	23	111	261	296	128	819	3.48	
	2.8	13.6	31.9	36.1	15.6	100.0		
3-4) 교회의 재정 지원이 학교에 큰 힘이 된다.	69	186	242	218	109	824	3.14	
	8.4	22.6	29.4	26.5	13.2	100.0		
3-5) 교회가 학교의 시설에 대해 잘 지원하고 있다.	90	259	283	134	57	823	2.77	
	10.9	31.5	34.4	16.3	6.9	100.0		
3-6) 교회가 신앙교육(교목실)에 대해 잘 지원하고 있다.	49	221	305	176	68	819	2.99	
	6.0	27.0	37.2	21.5	8.3	100.0		
3-7) 교회가 학생을 잘 지원하고 있다.	35	229	321	186	48	819	2.98	
	4.3	28.0	39.2	22.7	5.9	100.0		
3-8) 교회가 교사를 잘 지원하고 있다.	70	269	320	124	36	819	2.74	
	8.5	32.8	39.1	15.1	4.4	100.0		
3-9) 교회 교인들의 재능기부가 학교에 도움이 된다.	43	173	233	285	82	816	3.23	
	5.3	21.2	28.6	34.9	10.0	100.0		
3-10) 교회가 기독교학교 관련 정책 개선에 도움이 되고 있다.	49	230	335	169	30	813	2.88	
	6.0	28.3	41.2	20.8	3.7	100.0		
3-11) 학교와 교회는 의사소통이 원활히 되고 있다.	46	236	336	152	42	812	2.89	
	5.7	29.1	41.4	18.7	5.2	100.0		
3-12) 교회의 지원은 학교에게 큰 힘이 되고 있다.	42	144	249	280	95	810	3.30	3.18
	5.2	17.8	30.7	34.6	11.7	100.0		
3-13) 학교-교회 연계는 불편하지만 이를 감수할 만한 가치가 있다.	9	64	222	374	138	807	3.70	
	1.1	7.9	27.5	46.3	17.1	100.0		
3-14) 학교/교회에서 장소 사용 후, 정리정돈이 잘 안 된다.	39	188	380	162	24	793	(3.07)	
	4.9	23.7	47.9	20.4	3.0	100.0		
3-15) 학교/교회와 함께 시설을 사용하는 데 불편함을 느낀다.	44	225	336	161	21	787	(3.14)	
	5.6	28.6	42.7	20.5	2.7	100.0		

3-16) 학교/교회 간에 주차 문제로 인한 어려움이 있다.	97	290	275	112	15	789	(3.43)
	12.3	36.8	34.9	14.2	1.9	100.0	
3-17) 학교/교회 간에 기자재 사용 문제로 어려움이 있다.	64	269	310	127	14	784	(3.31)
	8.2	34.3	39.5	16.2	1.8	100.0	
3-18) 학교/교회 간에 서로를 배려하는 마음이 부족하다.	57	280	310	127	15	789	(3.30)
	7.2	35.5	39.3	16.1	1.9	100.0	
3-19) 학교/교회 간의 문제에 대한 개선이 잘 되지 않는다.	44	248	351	132	12	787	(3.23)
	5.6	31.5	44.6	16.8	1.5	100.0	
3-20) 학교/교회 간의 독립성이 잘 유지되지 못하고 있다.	52	241	338	129	27	787	(3.21)
	6.6	30.6	42.9	16.4	3.4	100.0	
3-21) 교회에서 부담하는 전입금이 부족하다고 느낀다.	49	172	325	167	60	773	(2.98)
	6.3	22.3	42.0	21.6	7.8	100.0	
3-22) 학교를 예배장소로 사용하는 교회의 재정 지원은 장소 사용료일 뿐이다.	67	223	332	118	17	757	(3.27)
	8.9	29.5	43.9	15.6	2.2	100.0	

교회가 기독교학교에 많은 관심을 갖고 있다는 설문에서 3.41, 교회가 기독교학교의 기독교적 교육 철학을 세우는 데 도움이 된다는 설문에서는 3.48, 교회가 기독교학교를 충분히 지원하고 있다는 설문에서도 3.48, 그리고 교회의 재정 지원이 학교에 큰 힘이 된다는 설문에서는 3.14의 평균 점수를 보이고 있다. 또한 교회 교인들의 재능기부가 학교에 도움이 된다는 설문에 대해서 3.23, 교회의 지원은 학교에게 큰 힘이 되고 있다는 문항에서는 3.30이며, 학교-교회 연계는 불편하지만 이를 감소할 만한 가치가 있다는 문항에 대해서는 가장 높은 평균 점수인 3.70으로 나타나고 있다. 그런데 이해 비해서 상대적으로 부정적으로 응답한 문항은 교회가 학교의 시설에 대해 잘 지원하고 있다는 설문으로서 평균 점수가 2.77로 나타나고 있으며, 교회가 신앙교육(교목실)에 대해 잘 지원하고 있다는 문항에 대해서는 2.99, 교회가 학생을 잘 지원하고 있다는 문항에 대해서는 2.98, 교회가 교사를 잘 지원하고 있다는 문항에 대해서는 2.74로 나타나고 있다.

또한 교회가 기독교학교 관련 정책 개선에 도움이 되고 있다는 문항에 대해서는 2.88, 학교와 교회는 의사소통이 원활히 되고 있다는 문항에 대해서는 2.89로 나타나고 있다. 이러한 반응을 종합해 보면 교회가 기독교학교에 관심을 갖고 있고 기본적인 지원을 하고 있으며 특히 교회의 재정 지원이나 교인들의 재능기부 등에 대해서는 큰 도움이 되고, 그래서 교회의 지원이 학교에 큰 힘이 되고 있다고 생각하면서도, 교회가 학교 시설에 대해 지원하는 부분이나 교목실 지원, 그리고 학생이나 교사를 구체적으로 지원하는 부분에서는 약하다고 인식하고 있다. 또한 교회가 기독교학교 관련 정책의 변화에 도움을 주는 면이 부족하고 학교와 교회의 의사소통이 원활하지 못한 것으로 인식하고 있음을 보여 주고 있다.

학교와 교회의 관계에 대해서 보다 구체적인 질문을 문제 제기를 하는 방식으로 묻는 질문에 대한 반응을 파악하였다. 이 경우에 해당하는 3-14)부터 3-22)까지의 문항은 역코딩하여 평균값을 내어서 반응을 분석하였다. 이 결과를 정리하면 학교 또는 교회에서 장소 사용 후 정리정돈이 되는지에 대해서는 3.07, 학교 또는 교회가 함께 시설을 사용하는 데 편리한지에 대해서는 3.14로 평균을 약간 웃도는 긍정적인 인식을 드러내고 있다. 학교와 교회 간에 발생할 수 있는 주차 문제에 대해서는 3.43, 학교와 교회 간의 기자재 사용에 대해서는 3.31, 그리고 학교와 교회 간에 서로를 배려하는 태도에 대해서는 3.30으로 나타나고 있다. 이러한 반응은 학교와 교회 간의 연계가 아주 호의적인 것은 아님을 보여 주지만 그렇다고 해서 부정적인 것은 아님을 동시에 보여 주고 있다. 그 외에도 학교와 교회 간의 문제에 대한 개선 가능성에 대해서는 3.23이며, 학교와 교회 간의 독립성 유지는 3.21을 나타내고 있다. 학교를 예배장소로 사용하는 교회의 재정 지원은 장소 사용료라기보다는 학교에 대한 후원의 개념으로 이해되는 경향은 3.27로 역시 약간의 긍정적인 면을 나타내고 있다. 이러한 결과는 학교와 교회의 연계에 있어서 좀더 의사소통이 될 필요가 있고, 상호 존중하는 태도가 필요함을 보여 준다고 할 수 있다. 그런데 이 영역에서 유일하게 부정적인 영역으로 나타나고 있는 항목은 '교회에서 부담하는 전입금이 부족하다고 느낀다'라는 문항으로써 2.98을 나타내고 있다. 아주 부정적인 결과는 아니지만 상대적으로 볼 때 기독교학교는 교회가 부담하는 전입금의 지원을 늘려줄 것을 요구하는 반응이라고 할 수 있다.

4. 학교-지역교회 연계 인식도

〈표 22〉 학교-지역교회 연계 인식도

응답자수(명)/백분율(%)

	매우 그렇지 않다	그렇지 않다	보통이다	그렇다	매우 그렇다	전체	평균	전체평균
4-1) 지역교회들은 기독교학교에 많은 관심을 갖고 있다.	45	220	271	155	22	713	2.84	
	6.3	30.9	38.0	21.7	3.1	100.0		
4-2) 지역교회들은 기독교학교를 충분히 지원하고 있다.	82	304	250	68	10	714	2.47	2.66
	11.5	42.6	35.0	9.5	1.4	100.0		
4-3) 지역교회들은 기독교학교와 효과적으로 연계되어 있다.	73	288	267	80	7	715	2.52	
	10.2	40.3	37.3	11.2	1.0	100.0		
4-4) 지역교회들의 기독교학교 지원은 큰 힘이 되고 있다.	62	226	242	151	30	711	2.80	
	8.7	31.8	34.0	21.2	4.2	100.0		

학교와 지역교회와의 연계에 대한 인식을 묻는 설문조사에서는 평균 점수가 2.66으로 낮은 것으로 나타나고 있다. 지역교회들은 기독교학교에 많은 관심을 갖고 있지 못하며(2.84), 지역교회들은 기독교학교를 충분히 지원하고 있지 못한 편(2.47)이며, 지역교회들은 기독교학교와 효과적으로 연계되어 있지 못한 것(2.52)으로, 그리고 지역교회들의 기독교학교 지원이 큰 힘이 되고 있지는 못한

편(2.80)으로 나타나고 있다. 한마디로 기독교학교가 그 학교가 속해 있는 지역의 교회들과의 연계에 대해서는 부정적인 인식을 하고 있으며, 이는 향후 이 관계에 대한 개선을 요청하는 반응이라고 할 수 있을 것이다.

5. 학교-한국교회 연계 인식도

〈표 23〉 학교-한국교회 연계 인식도

응답자수(명)/백분율(%)

	매우 그렇지 않다	그렇지 않다	보통 이다	그렇다	매우 그렇다	전체	평균	전체 평균
5-1) 한국교회는 기독교학교에 많은 관심을 갖고 있다.	50	226	337	168	32	813	2.88	
	6.2	27.8	41.5	20.7	3.9	100.0		
5-2) 한국교회들은 기독교학교를 충분히 지원하고 있다.	70	345	328	59	12	814	2.51	2.72
	8.6	42.4	40.3	7.2	1.5	100.0		
5-3) 한국교회들은 기독교학교와 효과적으로 연계되어 있다.	59	338	325	72	13	807	2.56	
	7.3	41.9	40.3	8.9	1.6	100.0		
5-4) 한국교회들의 기독교학교 지원은 큰 힘이 되고 있다.	46	242	297	176	51	812	2.93	
	5.7	29.8	36.6	21.7	6.3	100.0		

　　이러한 학교-교회 연계에 대한 인식을 종합해 보면 의미 있는 결과를 얻을 수 있다. 학교-교회 연계의 필요성이나 중요성에 대해서는 평균 점수가 4.26이고 이를 100점 만점의 점수로 환산하면 85.2점으로 상대적으로 높은 데 비해서, 교회-학교의 만족도는 3.37로 67.4점을 나타내 보임으로써 교회-학교의 연계가 만족한 수준이 아님을 알 수 있다. 학교-교회가 어느 정도 잘 연계되고 있다는 인식은 3.18로써 63.6점, 그리고 학교와 지역교회의 연계, 학교와 한국교회와의 연계는 각각 53.2점과 54.4점으로써 낙제점수에 해당한다고 할 수 있다. 이러한 결과는 한국의 기독교학교와 교회의 연계는 그것이 중요하다는 인식에도 불

구하고 실제적으로는 만족할 만한 수준으로 이루어지고 있지 못하며, 이는 향후 보다 강화된 연계를 요청하는 바람이 있음을 보여 주고 있음을 알게 해준다.

기독교학교와 한국교회의 연계에 대한 인식도 평균 점수는 2.72로써 어느 정도 부정적인 것으로 나타나고 있다. 한국교회는 기독교학교에 많은 관심을 갖고 있지 못한 편(2.88)이며, 한국교회는 기독교학교를 충분히 지원하느냐의 설문에 대해서는 상당히 낮은 점수인 2.51를 나타내 보임으로써 부정적인 인식을 하고 있는 것을 알 수 있다. 한국교회는 기독교학교와 효과적으로 연계되어 있지 못하며(2.56), 한국교회의 기독교학교 지원은 기독교학교에 충분히 큰 힘이 되고 있지는 않은 것(2.93)으로 나타나고 있다. 이러한 반응은 개별 지역교회나 연계교회만이 아니라 한국교회 전체가 보다 기독교학교에 관심을 갖고 지원해 줄 것을 바라는 요청이 담겨 있는 응답이라고 볼 수 있을 것이다.

6. 학교-교회 연계의 성격

〈표 24〉 학교-교회에 대한 의식 결과

	중요도	만족도	학교-교회 연계 인식도	학교-지역교회 연계 인식도	학교-한국교회 연계 인식도
평균	4.26	3.37	3.18	2.66	2.72
100점 환산	85.2점	67.4점	63.6점	53.2점	54.4점

학교와 교회의 연계에 대한 의식에 있어서 학교와 교회의 의식이 다른지를 파악하기 위해 t 검정을 실시하였다. 그 결과 학교-교회 연계의 중요도와 만족도에 있어서 의미 있는 차이가 나타남을 알 수 있었다.

평균/표준편차

	중요도	만족도	학교-교회 연계 인식도	학교-지역교회 연계 인식도	학교-한국교회 연계 인식도
학교	84.5	66.9	62.0	-	54.1
	14.16	15.36	10.78	-	15.49
교회	89.5	71.1	68.8	-	56.6
	9.90	17.09	10.33	-	13.89
	(t=3.402, df=0.001)	(t=2.515 df=0.030)			

학교에서 인식하는 교회-학교 연계의 중요도는 84.5점이지만 교회에서 인식하는 중요도는 89.5점으로 나타나고 있다. 즉 교회가 학교보다 상대적으로 교회-학교 연계를 보다 더 중요하게 인식하고 있음을 알 수 있다. 또한 학교에서 인식하는 교회-학교 연계의 만족도는 66.9점인 데 비해, 교회의 경우는 71.1점으로 나타나고 있는데, 이는 교회-학교 연계에 대해서 학교가 교회보다 만족하지 못하고 있음을 보여 주고 있다.

〈표 26〉기독교사립계학교와 대안학교의
'학교-교회에 대한 의식 결과'에 대한 t 검정 결과

평균/표준편차

	중요도	만족도	학교-교회 연계 인식도	학교-지역교회 연계 인식도	학교-한국교회 연계 인식도
기독교계사립학교	84.8	67.1	61.5	55.4	55.2
	14.41	14.94	9.93	15.58	15.86
대안학교	83.9	65.7	62.5	47.8	50.8
	13.77	16.23	12.32	14.81	13.70
				(t=1.101, df=0.009)	(t=3.507, df=0.036)

기독교계 사립학교와 대안학교가 '학교-교회에 대한 의식'에 있어서 차이가 있는지를 분석해 보면 학교-교회 연계 인식도와 학교-한국교회 연계 인식도에서 의미 있는 차이가 있음을 보여 주고 있다. 기독교계 사립학교는 학교-교회 연계를 인식하는 점수가 61.5점인 데 비해서 기독교대안학교는 62.5점으로써 상대적으로 약간 높은 반응을 보이고 있다. 학교-한국교회 연계 인식도에 있어서 기독교계 사립학교는 55.2점인데 기독교대안학교는 50.8점을 보이고 있다. 이는 기독교계 사립학교가 한국교회와 학교의 연계에 대해 보다 긍정적으로 반응하고 있는 데 비해 기독교대안학교는 상대적으로 부정적으로 인식하고 있음을 알 수 있다.

〈표27〉 교회가 학교를 설립한 유형에 따른
'학교-교회에 대한 의식 결과'에 대한 t 검정 결과

평균/표준편차

		중요도	만족도	학교-교회 연계 인식도	학교-지역교회 연계 인식도	학교-한국교회 연계 인식도
교회가 학교를 설립	했다	87.5	71.2	65.5	53.9	55.2
		12.04	15.85	11.00	16.28	15.25
	안 했다	83.8	65.2	61.0	52.6	53.6
		14.57	15.14	10.56	15.48	15.14

(t=-3.623,
df=0.008)

교회가 학교를 설립한 경우와 그렇지 않은 경우, 학교-교회 연계의 중요성에 있어서 의미 있는 차이를 보이고 있다. 교회가 학교를 설립한 경우는 87.5점으로 더 중요하게 생각하고 있는 데 비해서, 교회가 학교를 설립하지 않은 경우는 83.8%로써 상대적으로 그 중요성을 낮게 인식하고 있음을 보여 준다.

〈표 28〉 학교가 교회를 학교 건물로 사용하는 유형에 따른
'학교-교회에 대한 의식 결과'에 대한 t 검정 결과

평균/표준편차

		중요도	만족도	학교-교회 연계 인식도	학교-지역교회 연계 인식도	학교-한국교회 연계 인식도
학교가 교회를 학교 건물로 사용	한다	86.5	69.5	64.4	50.5	52.8
		13.51	16.35	12.16	15.82	14.91
	안 한다	84.8	66.6	62.2	53.7	54.5
		13.92	15.40	10.53	15.65	15.25

(t=-2.174,
df=0.024)

학교가 교회를 학교 건물로 사용하는 경우는 학교-교회 연계 인식도는 64.4
점으로써 그렇지 않은 경우인 62.2점보다 상대적으로 높은 것으로 나타났다.

〈표 29〉 교회가 학교를 지원하는 유형에 따른
'학교-교회에 대한 의식 결과'에 대한 t 검정 결과

평균/표준편차

		중요도	만족도	학교-교회 연계 인식도	학교-지역교회 연계 인식도	학교-한국교회 연계 인식도
교회가 학교를 지원	한다	87.8	70.3	65.4	53.9	55.5
		12.27	15.67	10.91	16.06	14.48
	안 한다	82.2	63.8	59.5	52.1	52.7
		14.95	15.01	10.18	15.43	15.86

(t=-5.780,
df=0.007)

교회가 학교를 지원하는 경우 교회-학교 연계의 중요성에 의미 있는 차이
를 보였는데, 교회가 학교를 지원하지 않는 경우는 82.2점인 데 비해 교회가 학
교를 지원하는 경우는 87.8점으로 훨씬 높게 나타나고 있다.

<표 30> 학교가 지역교회와 연계하는 유형에 따른
'학교-교회에 대한 의식 결과'에 대한 t 검정 결과

평균/표준편차

		중요도	만족도	학교-교회 연계 인식도	학교-지역교회 연계 인식도	학교-한국교회 연계 인식도
학교가 지역교회와 연계	한다	86.9	69.7	63.0	54.3	55.6
		12.74	15.30	9.89	15.27	13.75
	안 한다	83.7	65.7	61.4	52.5	53.2
		14.59	15.26	11.02	15.87	15.81
		(t=-2.574, df=0.036)				(t=-1.744, df=0.016)

학교가 지역교회와 연계하는 경우는 그렇지 않은 경우에 비해서 교회-연계 중요도와 학교-한국교회 연계 인식도에 있어서 의미 있는 차이를 보이고 있다. 학교가 지역교회와 연계를 하는 경우는 중요도 점수가 86.9점이어서 그렇지 않은 경우인 83.7점보다 높았으며, 학교-한국교회 연계 인식도도 55.6점으로써 그렇지 않은 경우의 53.2점보다 높게 나타났다. 이러한 결과를 종합해 보면 교회와 학교가 실질적인 연계를 도모하고 있는 경우가 그렇지 않은 경우보다 교회-학교 연계의 인식에 있어서도 높다고 할 수 있을 것이다.

<표 31> 학교의 역사에 따른 '학교-교회에 대한 의식 결과'에 대한 일원분산분석 결과

평균/표준편차

	중요도	만족도	학교-교회 연계 인식도	학교-지역교회 연계 인식도	학교-한국교회 연계 인식도
5년 이하	89.8	72.4	68.6*	48.5	52.5
	12.12	16.64	13.53	16.04	13.97
6년 이상 10년 이하	82.8	65.6	62.9	48.1*	51.3
	13.54	13.96	10.31	14.04	12.31

11년 이상 20년 이하	81.1	64.9	59.8*	51.7	52.9
	14.56	16.62	9.43	15.32	15.21
21년 이상 40년 이하	85.4	65.4	60.8*	57.0	55.0
	15.27	17.68	11.12	18.24	17.00
41년 이상 60년 이하	83.6	65.5	60.6*	52.2	53.5
	14.77	15.80	10.56	15.15	16.03
61년 이상 80년 이하	85.6	68.0	62.6	57.2*	56.7
	13.01	13.14	9.45	14.67	15.38
80년 이상	86.1	68.7	62.0	56.2*	55.4
	14.60	14.15	9.11	15.69	15.71
전체	84.5	66.9	62.1	53.1	53.9
	14.20	15.23	10.48	15.68	15.20
	($F=-2.641$, $p=0.015$)	($F=2.102$ $p=0.051$)	($F=4.083$ $p=0.001$)	($F=5.648$ $p=0.00$)	

학교의 역사에 따른 학교-교회에 대한 의식 결과를 파악하기 위해서 일원 분산분석을 한 결과 의미 있는 현상을 발견할 수 있는데 학교의 역사가 짧은 신생학교들이 전체적으로 학교-교회 연계에 대한 의식이 강한 것을 볼 수 있고, 또한 학교의 역사가 아주 오래된 경우도 상대적으로 학교-교회 연계에 대한 의식이 강한 것을 알 수 있다. 학교의 역사가 5년 이하의 짧은 역사를 지닌 경우, 학교-교회 연계의 중요도, 만족도, 학교-교회 연계 인식도가 모두 가장 높은 것으로 나타났다. 이는 최근 설립된 기독교대안학교들의 영향이 반영된 것으로 보여진다. 또한 80년 이상 된 기독교학교의 경우도 중요도와 만족도에 있어서 평균보다 훨씬 높은 점수를 보이고 있는 점이 특이하다. 이는 전통 있는 기독교 사학으로서의 자부심과 긍지가 반영된 결과로 보여진다. 상대적으로 학교의 역사가 짧지도 길지도 않은 학교들, 특히 11년 이상 20년 이하의 역사를 지닌 학교들이 모든 면에서 점수가 낮은 것으로 나타나고 있는데, 이들 학교가 보다 분명한 학교-교회 연계에 대한 인식이 요청된다고 할 수 있다.

〈표 32〉 학교 직급에 따른 '학교-교회에 대한 의식 결과'에 대한 일원분산분석 결과

평균/표준편차

	중요도	만족도	학교-교회 연계 인식도	학교-지역교회 연계 인식도	학교-한국교회 연계 인식도
교장	87.2	69.2	60.9*	45.4	48.3
	15.64	18.81	11.34	14.58	13.77
교감	87.7	70.9	64.2	54.7	55.3
	14.33	17.25	12.60	16.34	16.51
교목	93.5*	65.8	61.8	50.6	48.5
	10.17	16.98	12.13	17.00	16.15
부장교사	83.2*	66.2	61.3	53.7	54.2
	14.15	14.82	10.25	15.49	14.96
교사	82.7*	64.2	62.2	52.4	53.4
	16.42	16.51	12.34	17.95	16.65
전체	84.7	66.5	61.6	52.9	53.3
	14.44	15.63	10.79	15.93	15.35
	(F=-7.461, p=0.000)			(F=2.817 p=0.025)	(F=2.912 p=0.021)

학교 직급에 따라 학교-교회 인식 결과가 어떤 차이가 있는지를 분석해 보면 교목이 학교-교회 연계에 대한 중요성을 가장 높게 인식하고 있었는데 93.5점으로 나타나고 있다. 그 다음이 교감과 교장, 그리고 부장교사, 교사의 순으로 나타나고 있는데, 이는 특히 부장교사를 포함한 교사들에 대한 학교-교회 연계의 중요성에 대한 인식을 제고시키는 노력이 필요함을 보여 준다고 할 수 있다.

7. 학교-교회 연계 이유

교회와 학교가 연계하여야 하는 이유에 대해 중요한 것부터 우선순위를 매기도록 요청한 설문에 대해서는 1순위, 2순위, 3순위의 점수를 차등을 두어

종합한 결과, 다음세대 교육은 교회 사명 중 하나이기 때문이라고 응답한 경우가 가장 많았고, 그 다음은 학원 선교는 교회 사명 중의 하나이기 때문이라고 응답한 경우, 세 번째로는 학생의 전인적 성장을 위해 학교와 교회의 협력이 필요하기 때문이라는 응답이었다.

이러한 학교-교회 연계 이유의 순위가 교회를 대상으로 한 설문과 학교를 대상으로 한 설문에 차이가 있다. 교회는 학교-교회 연계의 가장 중요한 이유로 '다음세대 교육은 교회 사명 중 하나이기 때문이다.'로 응답하였고, 그 다음이 '학원 선교는 교회 사명 중 하나이기 때문이다.'였다. 그러나 학교는 학교-교회 연계의 가장 중요한 이유로 '학원 선교는 교회 사명 중 하나이기 때문이다.'로 응답하였고, 그 다음이 '다음세대 교육은 교회 사명 중 하나이기 때문이다.'로 응답하였다.

〈표 33〉 학교-교회 연계 이유

응답자수(명)/백분율(%)

	1순위	2순위	3순위	가중치 점수	순위
다음세대 교육은 교회 사명 중 하나이기 때문이다.	241	209	96	1239	1위
	29.5	25.7	12.3		
학원선교는 교회 사명 중 하나이기 때문이다.	218	91	100	936	2위
	26.7	11.2	12.5		
학생의 전인적 성장을 위해 학교와 교회의 협력이 필요하기 때문이다.	146	143	113	837	3위
	17.9	17.6	14.1		
기독교 인재 양성은 교회 사명 중 하나이기 때문이다.	102	137	183	763	4위
	12.5	16.9	22.9		
학생 신앙 성장과 정착에 학교와 교회 협력이 필요하기 때문이다.	75	155	116	651	5위
	9.2	19.1	14.5		
시설을 서로 유용하게 활용할 수 있기 때문이다.	9	25	50	127	6위
	1.1	3.1	6.3		
한국교회의 발전을 위해서이다.	10	14	66	124	7위
	1.2	1.7	8.3		

한국 기독교학교의 발전을 위해서이다.	4	19	47	97	8위
	0.5	2.3	5.9		
교회로부터 학원선교의 지원을 받을 수 있다.	9	19	26	91	9위
	1.1	2.3	3.3		
기타	3	1		11	10위
	0.3	0.1			
전체	817	813	799		
	100.0	100.0	100.0		

〈표 34〉 기관별 '학교-교회 연계 이유' 1순위 응답 순위

교회		학교	
1. 다음세대 교육은 교회 사명 중 하나이기 때문이다.	49	1. 학원선교는 교회 사명 중 하나이기 때문이다.	203
	50.0		28.2
2. 학원선교는 교회 사명 중 하나이기 때문이다.	15	2. 다음세대 교육은 교회 사명 중 하나이기 때문이다.	192
	15.3		26.7
3. 학생의 전인적 성장을 위해 학교와 교회의 협력이 필요하기 때문이다.	14	3. 학생의 전인적 성장을 위해 학교와 교회의 협력이 필요하기 때문이다.	132
	14.3		18.4

미션		대안	
1. 학원선교는 교회 사명 중 하나이기 때문이다.	184	1. 다음세대 교육은 교회 사명 중 하나이기 때문이다.	91
	38.3		40.3
2. 다음세대 교육은 교회 사명 중 하나이기 때문이다.	97	2. 학생의 전인적 성장을 위해 학교와 교회의 협력이 필요하기 때문이다.	56
	20.2		24.8
3. 학생의 전인적 성장을 위해 학교와 교회의 협력이 필요하기 때문이다.	73	3. 기독교 인재 양성은 교회 사명 중 하나이기 때문이다.	38
	15.2		16.8

미션스쿨과 대안학교도 의미 있는 차이를 보이고 있다. 미션스쿨과 대안학교 모두 학교-교회 연계의 첫 번째 이유로는 '다음세대 교육은 교회 사명 중 하나이기 때문이다.'로 들고 있지만 2순위에서 차이가 나타나고 있다. 미션스쿨

은 '학원 선교는 교회 사명 중 하나이기 때문이다.'가 차지한 반면, 대안학교는 '학생의 전인적 성장을 위해 학교와 교회의 협력이 필요하기 때문이다.'가 차지하였다. 이는 미션스쿨은 학원 선교를 학교의 가장 중요한 정체성으로 삼는 반면, 대안학교는 대부분 기독교 가정의 자녀들을 학생으로 삼고 있기 때문에 그들의 전인적 성장을 가장 중요한 정체성으로 여기기 때문일 것이다.

8. 학교-교회 연계를 위한 교회의 노력

〈표 35〉 학교-교회 연계를 위한 교회의 노력

응답자수(명)/백분율(%)

	1순위	2순위	3순위	가중치 점수	순위
학교 시설 확충에 대한 재정 지원	158	55	50	634	1위
	19.4	6.7	6.2		
신앙교육 연계(교회교육프로그램 활용)	103	71	75	526	2위
	12.7	8.7	9.4		
학교와 기꺼이 협력하려는 태도	85	77	87	496	3위
	10.4	9.4	10.9		
신앙교육(교목실)에 대한 재정 지원	73	89	49	446	4위
	9.0	10.9	6.1		
학생에 대한 재정 지원	57	98	65	432	5위
	7.0	12.0	8.1		
자원봉사자(재능기부자) 파송	26	64	56	262	6위
	3.2	7.9	7.0		
수업이나 특별활동 연계	34	50	52	254	7위
	4.2	6.1	6.5		
교목실로 교역자 파송	49	41	23	252	8위
	6.0	5.0	2.9		
의사소통 통로 마련	41	38	46	245	9위
	5.0	4.7	5.7		

기독교학교 정체성 유지를 위한 이사, 교직원 교육	35	42	47	236	10위
	4.3	5.2	5.9		
교사에 대한 재정적 지원	24	38	54	202	11위
	2.9	4.7	6.7		
학교의 안정성 확보(법적 지위, 교사, 학생)	30	31	22	174	12위
	3.7	3.8	2.7		
1교회 1학교 자매결연	20	24	49	157	13위
	2.5	2.9	6.1		
기독교학교 관련 정책 개선을 위한 노력	21	27	39	156	14위
	2.6	3.3	4.9		
학교의 독립성 확보	21	25	33	146	15위
	2.6	3.1	4.1		
학교에 교회 시설 개방	20	18	26	122	16위
	2.5	2.2	3.2		
학생들에게 성경, 찬송 제공	8	21	18	84	17위
	1.0	2.6	2.2		
학생들에게 종교교과서 제공	3	5	9	28	18위
	0.4	0.6	1.1		
기타	6	1	1	21	19위
	0.7	0.1	0.1		
전체	814	815	801		
	100.0	100.0	100.0		

학교-교회 연계를 위한 교회의 노력으로 가장 중요하게 들고 있는 것은 학교 시설 확충에 대한 재정 지원이었는데 1순위에 있어서도 19.4%로써 1위를 차지하였지만 1, 2, 3 순위를 모두 고려한 가중치 점수도 634점으로 1위를 차지하였다. 그 다음이 신앙교육 연계(교회교육프로그램 활용)로 나타났으며, 세 번째로 중요한 교회의 노력으로는 학교와 기꺼이 협력하려는 태도를 꼽았다.

〈표 36〉 기관별 '학교-교회 연계를 위해 교회의 노력' 1순위 응답 순위

교회		학교	
1. 학교 시설 확충에 대한 재정 지원	12	1. 학교 시설 확충에 대한 재정 지원	146
	12.6		20.3
2. 신앙교육 연계(교회교육프로그램 활용)	11	2. 신앙교육 연계(교회교육 프로그램 활용)	92
	11.6		12.8
3. 의사소통 통로 마련	10	3. 학교와 기꺼이 협력하려는 태도	78
	10.5		10.8

미션		대안	
1. 학교 시설 확충에 대한 재정 지원	105	1. 학교와 기꺼이 협력하려는 태도	43
	21.8		19.1
2. 신앙교육(교목실)에 대한 재정 지원	64	2. 학교 시설 확충에 대한 재정 지원	37
	13.3		16.4
3. 의사소통 통로 마련	56	3. 의사소통 통로 마련	36
	11.6		16.0

흥미로운 것은 이를 교회 대상 설문과 학교 대상 설문으로 나누어 분석해 보면 1, 2 순위는 동일하지만 3순위의 경우 교회는 학교와의 의사소통 통로 마련을 들고 있는 것에 비해, 학교는 학교와 기꺼이 협력하려는 태도를 갖는 것을 꼽고 있다는 점이다. 이는 교회와 학교가 서로 상대편을 향해서 무엇을 더 원하는지를 잘 보여 주고 있다. 또한 미션스쿨과 대안학교를 비교, 분석해 보면 미션스쿨은 학교-교회 연계를 위한 교회의 노력으로 학교 시설 확충에 대한 재정 지원을 1순위로 꼽은 데 비해 대안학교는 학교와 기꺼이 협력하려는 태도를 들고 있다. 대안학교는 시설보다는 교회가 학교와 기꺼이 협력하려는 태도를 갖는 것을 중시하고 있는 것이다. 그리고 미션스쿨이 2순위로 꼽은 교회의 노력은 신앙교육(교목실)에 대한 재정 지원이었고, 대안학교는 학교 시설 확충에 대한 재정

지원을 들고 있다. 이러한 결과는 대상학교별로 학교-교회 연계를 위한 접근 방식이 달라야 함을 보여 주는 근거라고 할 수 있을 것이다.

9. 학교-교회 연계를 위한 학교의 노력

학교-교회 연계를 위한 학교의 노력에 대해서는 가장 중요하게 들고 있는 것이 교회와 꾸준한 기독교학교 비전 공유이며, 그 다음이 기독교학교 정체성을 유지하려는 노력이고, 세 번째가 신앙교육 연계로 나타나고 있다. 그리고 가장 낮은 응답을 보인 것은 교회에 학교 시설 제공, 학교 교목이 교회 교역자로 사역, 그리고 학교 교사가 교회학교 교사로 사역하는 순으로 나타나고 있다.

학교-교회 연계를 위한 학교의 노력에 대한 1순위 응답에 있어서 설문 응답의 기관별로 공통점과 차이점이 나타난다. 공통점으로는 교회와 학교 모두 기독교학교 정체성을 유지하려는 노력이 가장 중요하다고 응답한 점이다. 기독교학교가 본연의 기독교교육을 하는 정체성이 왜곡되어서는 안 된다는 요청이 가장 강하다고 볼 수 있다. 그러나 두 번째로 중요하다고 꼽고 있는 것으로 교회는 교회와 학교예배의 연계를 들고 있는 데 비해서, 학교는 교회와 꾸준한 기독교학교 비전 공유를 들고 있으며, 세 번째로는 상대편 기관의 두 번째 중요하다고 꼽고 있는 것을 들고 있다는 점에서 차이점이 있다. 미션스쿨과 대안학교를 비교해 보면 미션스쿨은 교회와 학교예배 연계를 가장 중요시 하는 데 비해서 대안학교는 교회와 꾸준한 기독교학교 비전 공유를 들고 있다. 이는 기독교 대안학교의 성격상 교회가 공통의 비전을 갖고 지원하기를 요청하고 있음을 보여 준다.

〈표 37〉 학교-교회 연계를 위한 학교의 노력

응답자수(명)/백분율(%)

	1순위	2순위	3순위	가중치 점수	순위
교회와 꾸준한 기독교학교 비전 공유	127	134	126	775	1위
	15.6	16.6	15.8		
기독교학교 정체성을 유지하려는 노력	152	97	80	730	2위
	18.7	12.0	10.1		
신앙교육 연계	70	77	115	479	3위
	8.6	9.6	14.4		
교회와 학교예배 연계	110	39	26	434	4위
	13.5	4.8	3.3		
교회와 기꺼이 협력하려는 태도	69	74	58	413	5위
	8.5	9.2	7.3		
학교 학생을 교회로 전도	40	66	56	308	6위
	4.9	8.2	7.0		
수업/특별활동 연계	42	63	47	299	7위
	5.2	7.8	5.9		
의사소통 통로 마련	45	45	51	276	8위
	5.5	5.6	6.4		
학교예배에 연계 교회 목사님 초청	42	51	41	269	9위
	5.2	6.3	5.2		
지역교회와 긴밀한 연계	25	40	102	257	10위
	3.1	5.0	12.8		
1교회 1학교 자매 결연	30	33	30	186	11위
	3.7	4.1	3.8		
학교 교사가 교회학교 교사로 사역	26	27	26	158	12위
	3.2	3.3	3.3		
학교 교목이 교회 교역자로 사역	17	33	11	128	13위
	2.1	4.1	1.4		
교회에 학교 시설 제공	15	25	26	121	14위
	1.8	3.1	3.3		
기타	3	2	1	14	15위
	0.4	0.2	0.1		
전체	813	806	796		
	100.0	100.0	100.0		

<표 38> 기관별 '학교-교회 연계를 위해 교회의 노력' 1순위 응답 순위

응답자수(명)/백분율(%)

교회		학교	
1. 기독교학교 정체성을 유지하려는 노력	21	1. 기독교학교 정체성을 유지하려는 노력	131
	21.6		18.3
2. 교회와 학교예배 연계	18	2. 교회와 꾸준한 기독교학교 비전 공유	111
	18.6		15.5
3. 교회와 꾸준한 기독교학교 비전 공유	16	3. 교회와 학교예배 연계	92
	16.5		12.8

미션		대안	
1. 교회와 학교예배 연계	83	1. 교회와 꾸준한 기독교학교 비전 공유	61
	17.3		27.2
2. 기독교학교 정체성을 유지하려는 노력	82	2. 기독교학교 정체성을 유지하려는 노력	47
	17.1		21.0
3. 교회와 꾸준한 기독교학교 비전 공유	49	3. 교회와 기꺼이 협력하려는 태도	28
	10.2		12.5

10. 학교-교회 연계 장애요인

<표 39> 학교-교회 연계 장애요인

응답자 수(명)/백분율(%)

	1순위	2순위	3순위	가중치 점수	순위
비전이 공유되지 않았다.	207	67	69	824	1위
	25.5	8.3	9.4		
의사소통이 부족하다.	105	124	107	670	2위
	12.9	15.4	14.5		
학교-교회 연계의 필요성을 느끼지 못한다.	79	112	84	545	3위
	9.7	13.9	11.4		
재정 지원이 미비하다. / 재정 지원이 부담된다.	87	88	80	517	4위
	10.7	10.9	10.9		

학교-교회 연계 필요성을 느끼지 못한다.	90	74	71	489	5위
	11.1	9.2	9.6		
기관 이기주의가 있다.	69	64	56	391	6위
	8.5	8.0	7.6		
초기 정신이 변질되었다.	60	69	37	355	7위
	7.4	8.6	5.0		
서로 기관의 특성을 고려하지 않는다.	35	81	58	325	8위
	4.3	10.1	7.9		
연계 담당부서가 불분명하고 정착되지 않았다.	28	64	63	275	9위
	3.4	8.0	8.6		
서로의 독립성이 확보되지 않았다.	25	28	53	184	10위
	3.1	3.5	7.2		
구성원이 불편함을 토로한다.	14	22	42	128	11위
	1.7	2.7	5.7		
공간 사용에 대한 효율성이 떨어진다.	8	10	14	58	12위
	1.0	1.2	1.9		
기타	5	1	2	19	13위
	0.6	0.1	0.3		
전체	812	804	736		
	100.0	100.0	100.0		

〈표 40〉 기관별 '학교-교회 연계 장애요인' 1순위 응답 순위

응답자수(명)/백분율(%)

교회		학교	
1. 비전이 공유되지 않았다.	32	1. 비전이 공유되지 않았다.	175
	33.7		24.4
2. 학교-교회 연계에 대한 메뉴얼이 없다.	11	2. 의사소통이 부족하다.	97
	11.6		13.5
3. 초기 정신이 변질되었다.	9	3. 학교-교회 연계 필요성을 느끼지 못한다.	82
	9.5		11.4

미션		대안	
1. 비전이 공유되지 않았다.	106 22.1	1. 비전이 공유되지 않았다.	66 29.3
2. 의사소통이 부족하다.	67 14.0	2. 의사소통이 부족하다.	29 12.9
3. 재정 지원이 미비하다.	62 12.9	3. 학교-교회 연계 필요성을 느끼지 못한다.	26 11.6

학교-교회 연계의 장애요인이 무엇인지를 묻는 설문조사에서는 가장 많이 나온 응답이 비전이 공유되지 않았다는 것이고, 그 다음이 의사소통이 부족하다는 것이며, 세 번째는 학교-교회의 연계에 대한 메뉴얼이 없다는 점을 들고 있다. 그밖에도 재정 지원이 미비하다, 학교-교회의 연계 필요성을 느끼지 못한다, 그리고 기관 이기주의가 있다 등의 순으로 나타나고 있다. 기관별 학교-교회 연계 장애요인 1순위를 살펴보면 아래의 도표와 같은데, 교회와 학교 모두 비전 공유가 되지 않은 점을 첫 번째 장애로 꼽고 있는 데 비해서, 교회는 학교-교회의 연계에 대한 메뉴얼이 없는 점, 초기 정신이 변질된 점을 들고 있으나, 학교는 의사소통이 부족한 점, 그리고 학교-교회의 연계 필요성을 느끼지 못하는 점을 들고 있다. 미션스쿨과 대안학교는 문제의식이 비슷한 것으로 나타나고 있는데, 두 기관 모두 비전이 공유되지 않은 점과 의사소통이 부족한 점을 학교-교회 연계 장애요인 중 가장 심각한 문제들로 꼽고 있다. 그런데 미션스쿨은 그 다음으로 재정 지원 미비를 들고 있는 데 비해서 대안학교는 학교-교회의 연계 필요성을 느끼지 못하는 점을 들고 있는 점에서 차이가 있었다. 미션스쿨은 학원 선교를 위한 재정 지원에 대한 요청이 강한 반면에 대안학교는 교회와 학교의 연계에 대한 의식의 중요성을 절감하고 있는 것으로 보인다.

11. 논의

기독교학교와 교회의 연계에 대한 의식조사 결과를 종합해 보면 학교와 교회의 연계의 중요성에 대해서는 매우 강하게 인식하고 있는 것에 비해서 현재 연계에 대한 만족도는 상대적으로 낮은 수준임을 알 수 있다. 특히 다음세대 교육을 위한 학교-교회의 연계는 서로에게 필요하며 향후 더 강화되어야 한다고 생각하면서도 현재 학교와 교회의 관계에 대해서는 크게 만족하고 있지는 않고 있는 것이다. 특히 교회가 학교에 대해서 지원하는 부분에 있어서는 거의 모든 항목이 평균을 밑돌았다. 여기에는 재정 지원, 시설 지원, 교목실 지원, 학생 및 교사 지원이 포함된다. 학교-교회의 연계가 도움이 되는 것은 사실이고 가치 있는 것은 인정하고 있지만 학교와 교회가 충분히 의사소통을 하고 있지 못하며 정책 지원을 포함한 지원이 미비하다고 생각하고 있는 것이다. 특히 학교와 지역 교회와의 연계는 더 부정적으로 나타나고 있는데 전체 평균이 2.66에 불과하였다. 지역교회들이 기독교학교에 관심도 부족하고, 지원도 부족하며, 효과적으로 연계되어 있지도 못하기 때문에 별 도움이 되지 못하고 있다는 것이다. 기독교학교와 한국교회 전체와의 연계도 2.72로써 상대적으로 낮게 나타났는데 기독교학교에 대한 제도적, 구조적 개선이 만족할 만큼 이루어지고 있지 못한 것으로 반응하고 있는 셈이다. 즉 한국의 기독교학교 및 교회는 학교-교회의 연계의 중요성은 인정하면서도 개별 학교-교회 연계에 대해 만족하지는 못하며, 더욱이 그 학교가 속해 있는 지역의 교회와의 연계와 한국교회와의 연계에 대해서는 부정적인 견해를 갖고 있음을 알 수 있다.

그런데 이러한 인식에 있어서도 대상별로 유의미한 차이가 있는데, 교회가 학교보다는 더 긍정적이었으며, 교회를 설립한 유형이 더 긍정적이었다. 기독교학교 구성원 가운데 학교-교회 연계의 중요성을 가장 강하게 인식하고 있는 사람은 교목이었으며, 전체적으로 교육행정가가 평교사보다 중요성에 대한 인식이 강하였다. 이는 기독교학교의 모든 구성원, 특히 평교사들이 보다 학교-교회 연계의 중요성을 인식하고 실제적인 연계를 위한 노력에 적극적으로 참여할 수 있도록 의식을 불어넣어 주고 교육할 필요가 있음을 보여 준다.

학교와 교회가 연계해야 하는 이유는 다음세대 교육과 학원 선교가 교회의 사명이기 때문이며 학생의 전인적 성장을 위해서는 학교와 교회의 협력이 요청되기 때문이다. 그런데 교회는 다음세대 교육을 강조한 반면에 학교, 특히 미션스쿨은 학원 선교의 중요성을 강조하고 있으며 대안학교는 학생의 전인적 성장을 강조하고 있다. 무엇을 중요시 여기는지에 따라서 학교-교회 연계의 방식도 달라져야 함을 보여 주는데, 서로의 필요를 파악하여 그 요청에 응답하는 노력을 기울여야 할 것이다. 시설을 서로 유용하게 사용할 수 있기 때문이라는 응답은 상대적으로 낮게 나왔는데, 이러한 이유는 학교-교회 연계의 부차적 이유임을 알 수 있다. 그러나 학교-교회 연계를 위한 교회의 노력으로는 역시 학교 시설 확충에 대한 재정 지원을 비롯한 교회의 지원이 가장 많은 비중을 차지하고 있는데, 학교가 수익기관이 아니고 지속적으로 투자가 요청되는 교육기관이기 때문에 교회의 체계적이고 계속적인 지원이 필요하다. 학교-교회 연계를 방해하는 장애요인으로는 비전 공유가 되지 않은 점이 가장 많이 지적되었고, 그다음이 의사소통의 부족인데, 이는 시설이나 재정의 지원에 앞서서 인식의 변화가 요청되고 있음을 보여 주고 있다. 교회가 왜 학교를 지원해야 하는지, 그리고 학교가 왜 교회와 협력해야 하는지에 대한 의식의 공유가 학교-교회 연계를 위한 가장 중요한 과제임이 분명히 드러난 셈이다.

V. 나가는 말

기독교학교와 교회가 연계되어야 한다는 당위성을 부정할 사람은 아무도 없을 것이다. 역사적으로 교회와 학교는 협력해 왔고, 특히 한국교회의 역사는 교회의 역사가 기독교학교의 역사와 동일시될 수 있을 정도로 연계가 이루어져 왔다. 그러나 교회와 학교는 각각 독립된 정체성과 사명을 지닌 기관이라는 것 또한 분명하다. 교회가 학교를 지배해서도 안 되며, 학교가 교회를 통제하려고 해서도 안 될 것이다. 상호 독립된 기관이면서 상호 연계되며 협력하는 노력이 요청되며, 이것이 제대로 이루어지지 않을 때에 많은 갈등이 유발될 수 있는 것이다.

본 설문조사 연구를 통해 파악할 수 있는 건강한 학교-교회 연계 방안을 몇 가지로 정리할 수 있을 것이다.

첫째는 인식의 변화이다. 가장 중요한 연계를 위한 방안은 시설을 위한 투자와 재정 지원, 그리고 시설 사용과 프로그램 운영 이전에 인식의 변화가 요청된다. 교회와 학교가 왜 협력해야 하는지, 그 연계의 목적과 이유, 공통의 사명에 대한 인식의 공감이 필요하다. 학교와 교회의 지도자의 인식 공유는 물론 평교인과 평교사들이 학교-교회 연계에 대해 그 필요성과 중요성, 그리고 그 의미를 이해하고 공감할 수 있어야 한다. 이를 위해서는 학교와 교회가 비전의 동역자임을 인식하도록 돕는 다양한 교육과 연수, 그리고 공동체적인 노력이 필요하다. 특히 서로의 입장에서 볼 수 있는 다양한 참여적인 체험을 통해 기관 이기주의를 벗어나 공통의 비전으로 인식의 일치를 도모할 때 학교-교회 협력이 강화될 수 있을 것이다.

둘째는 보다 공식적인 연계 방안과 전략이 확립되어야 한다. 학교와 교회가 관행적으로, 암묵적으로, 그리고 개인적인 차원에서 협력하는 것은 갈등이 일어날 경우 해결하기가 어렵고 체계적인 연계를 지속해 나가기가 곤란하다. 학교-교회의 연계는 공식적이어야 하고 문서화되어 있어야 한다. 기본적으로 학교는 이사회가 존재하여야 하고 그 정관에 교회와의 연계 방식이 명시적으로 규정되어야 한다. 그리고 학교의 이사회와 교회의 당회가 어떤 방식으로 연계되고 협력할 수 있을지를 분명히 해야 한다. 의사소통이 원활해야 하며 이를 위해서는 이사회 외에도 실무자 회의를 비롯한 공식적인 회의가 필요하다. 학교-교회의 갈등의 많은 부분이 의사소통의 부재와 약화로 말미암는 것임을 알 수 있는데 이를 극복하는 다양한 노력이 필요하다. 학교-교회가 협의하여 함께 연계 매뉴얼을 제작하는 것도 좋은 방법이 될 것이다.

셋째는 학교와 교회, 상호 간의 지원 확대이다. 학교-교회 연계는 서로가 도움이 될 때 지속될 수 있다. 이를 위해서는 학교와 교회가 서로에게 제공할 수 있는 지원을 확대시키는 노력이 필요하다. 교회가 학교에 대해서 재정적인 지원을 증가시키는 것은 시설 투자와 장학금 지원은 물론 다양한 방식으로 가능하다. 교사들의 해외 연수를 지원할 수 있고, 학생들의 봉사활동을 지원할 수도 있다. 실제적인 투자와 지원 없이 건강한 연계를 기대하기는 어렵다. 단지 재정적인 지원만이 아니라 교인들의 재능기부, 봉사활동, 상담활동 등을 통해 다양한 지원을 할 수 있을 것이나. 학교도 교회에 대한 지원이 얼마든지 가능하다. 학교 시설을 제공하는 지원이나 전도된 학생들을 지역교회의 교회학교에 출석하도록 하는 것 외에도 자녀교육 지원, 인성지도 상담, 다양한 분야의 기독교사들의 봉사를 통한 지원 등을 기획할 수 있다. 이러한 지원을 통해 상호 신뢰가 강화될 때 건강한 연계가 지속될 수 있을 것이다.

넷째는 공통의 프로그램 개발이 요청된다. 기독교학교가 연계 교회 및 지역교회와 할 수 있는 공동의 프로그램을 개발할 때 학교-교회의 연계는 내실화 될 수 있다. 교회에도 교회학교가 있어서 기독교학교와 동년배의 학생들이 있기 때문에 학생 상호 간에 교류하거나 공동으로 기획할 수 있는 다양한 프로그램이 가능하다. 자기주도적 학습 프로그램이나 진로지도 프로그램, 그리고 은사 개발과 학습 전략 세우기 프로그램 등을 공유할 수 있다. 또한 신앙 성숙을 위한 제자훈련 프로그램, 성경통독을 비롯한 다양한 신앙교육 프로그램을 공통으로 기획할 수 있다. 소명 프로그램을 통해서 향후 목회자나 기독교 계통의 전문가로 헌신할 학생들을 교회와 협력하여 별도로 지원할 수 있다. 비단 학생들을 대상으로 한 프로그램만이 아니라 다양한 부모교육 프로그램을 개발할 수 있다. 이런 프로그램의 공유는 의식의 확대와 지원의 확대를 동시에 가능케 하는 접촉점이 될 수 있다.

마지막으로 노회와 총회, 한국교회의 관심의 확대가 필요하다. 학교-교회 연계는 개별학교와 개별교회와의 연계를 의미하는 것은 아니다. 전체 기독교학교와 전체 한국교회와의 연계가 중요하다. 기독교학교가 발전하기 위해서는 오늘날 기독교학교의 기독교교육을 가로막는 제도적, 정책적 장애물이 제거되어야 한다. 기독교학교가 그 정체성을 살려서 마음껏 기독교교육을 할 수 있는 토양이 마련되어야 한다. 이러한 구조적인 변화를 위해서는 개별 학교나 개별 교회의 노력으로는 한계가 있다. 한국교회가 기독교학교 정상화를 위한 노력을 통해서 이 문제를 해결하여야 한다. 좁게는 노회나 개별 교단의 총회 차원에서의 관심과 노력이 필요하며 더 나아가 여러 교단이 연합한 기구나 단체의 관심도 요청된다. 대 정부적인 노력은 물론 전문가 집단의 도움을 받아 법적, 제도적 변화를 통한 기독교학교교육의 활성화를 도모할 수 있어야 한다.

한국의 상황 속에서 학교-교회의 연계는 어느 때보다도 더 중요하게 부각

되고 있다. 공교육이 정상적인 교육의 사명을 감당하고 있지 못하는 이때, 한국 교회가 이 땅의 다음세대 교육에 관심을 갖고 하나님의 교육을 펼쳐야 할 사명이 있다. 먼저 건강한 교회-학교 연계를 통해 기독교학교가 성숙해야 하고, 교회도 동역의 기쁨을 누릴 수 있어야 한다. 현재의 학교-교회 연계의 상태에서 머무르지 않고 보다 건강한 연계를 위한 청사진을 갖고 지속적인 노력을 기울여야 할 것이다.

[참고문헌]

김인수. 『한국 기독교회의 역사(상)』. 서울: 장로회신학대학교. 147-154, 1998.

김정섭. "교회-학교 관계 및 지원 상황에 대한 설문조사". 『기독교학교』 14권 제1호 통권 24호, 28-31, 2008.

박상진. "초기 한국교회의 학교 설립과 지원체제 연구". 『장신논단』. 제43집. 장로회신학대학교 출판부, 335-359, 2011.

오인탁. 『기독교교육사』. 서울: 도서출판 기독한교, 163, 2008.

Abraham Kuyper, "Sphere Sovereignty" in Abraham Kuyper: A Centennial Reader, ed. James D. Bratt (Grand Rapids: Eerdmans), 1998.

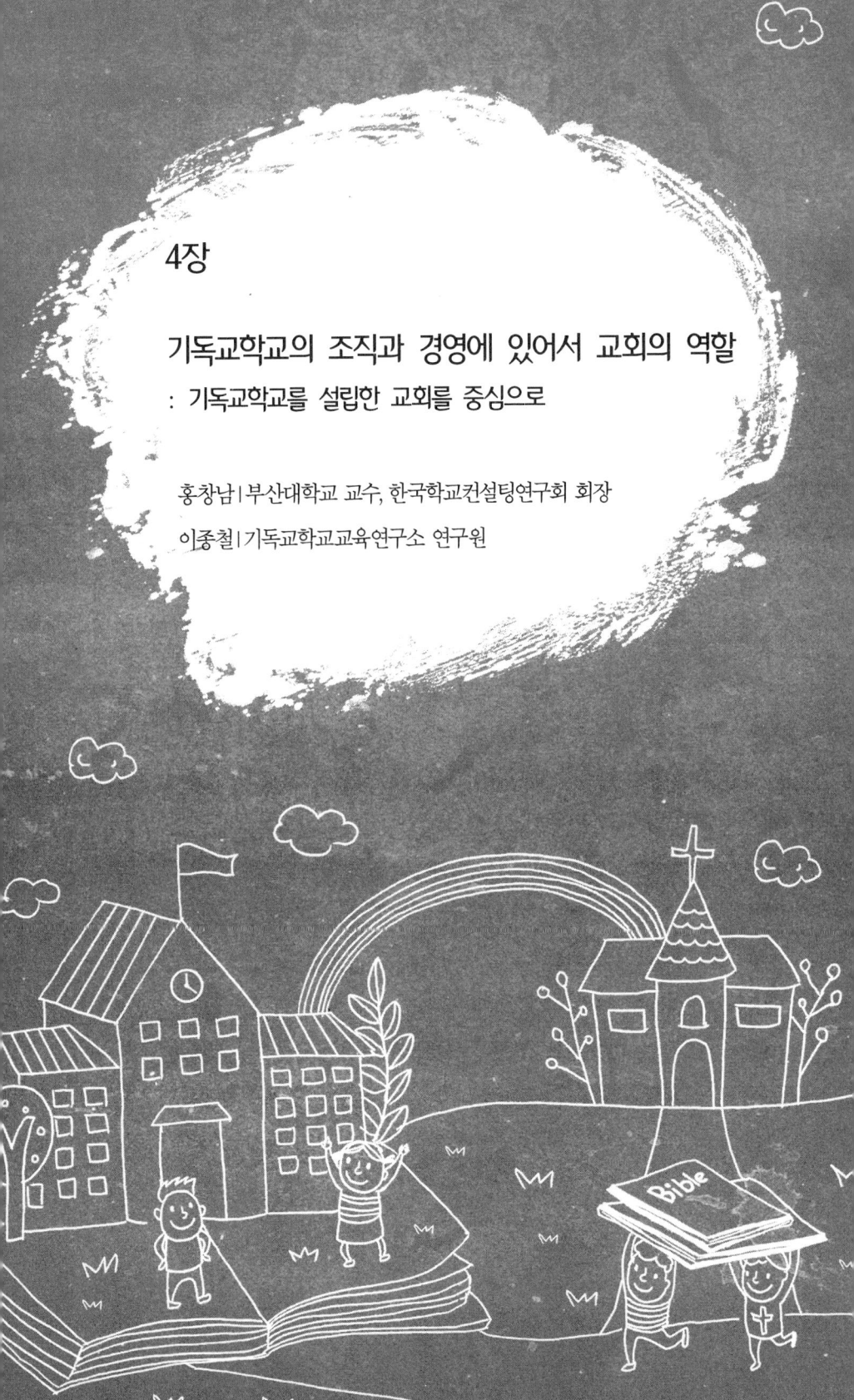

4장

기독교학교의 조직과 경영에 있어서 교회의 역할
: 기독교학교를 설립한 교회를 중심으로

홍창남 | 부산대학교 교수, 한국학교컨설팅연구회 회장

이종철 | 기독교학교교육연구소 연구원

기독교학교의 조직과 경영에 있어서 교회의 역할
: 기독교학교를 설립한 교회를 중심으로[1]

I. 들어가는 말

우리 현실에서 교회와 학교의 관계는 다양한 양태를 보인다. 교회가 직접 학교를 설립하여 운영에 관여하는 경우(설립 운영)도 있고, 교회가 학교를 예배장소로 활용하는 경우(공간 공유)도 있으며, 교회가 학교에 재정 및 인력을 지원하는 경우(지원)도 있다. 그리고 이들 다양한 양태는 상호 배타적이지 않고 중복될 수 있다. 두 기관의 관계가 가장 밀접한 경우는 "설립 운영"하면서 "공간"을 공유하고, 재정과 인력을 "지원"하는 경우일 것이다. 각 교회들은 이 세 가지 중 한 가지만 하거나 혹은 두 가지를 하거나 세 가지 모두를 할 수도 있다. 이러한 교회와 학교의 여러 관계 중에서 본 연구는 교회가 직접 학교(기독교학교)를 설립한 경우를 중심으로, 기독교학교의 조직과 경영에 있어서의 교회의 역할이 어떠해야 하는지를 살펴보고자 한다.

최근 10여 년간 한국 교회의 기독교대안학교 설립 운동이 활발해지면서 교

1) 이 글은 「신앙과 학문」 제18권 제1호에 실린 논문을 일부 수정·보완한 것임.

회의 기독교학교 설립 운영 사례는 더욱 증가하고 있으며, 그런 학교들에서 교회와 학교 간의 관계 설정에 대한 고민들도 발생하고 있어서 이번 연구의 의의가 더욱 깊다고 할 수 있다.

기독교학교는 구조적 특성상 일반학교와는 다른 독특한 교육 철학을 지니고 있다. 기독교학교의 구조적 특성은 학교성과 교회성의 통합에 있다(정웅섭, 1991; 고용수, 1994). 이러한 특성을 지닌 기독교학교가 그 설립 정신을 유지하면서 존속하기 위해서는 교회와 건강한 관계를 맺을 필요가 있다. 교회의 영적, 재정적 도움 없이 그 설립 정신을 유지하는 장기적인 발전을 이루어내기가 무척 어렵기 때문이다. 그런데 일반적으로 학교로 지원되는 재정은 많은 경우 통제력이 함께 따라온다. 그 재정을 투입하는 주체가 국가든, 부모든, 교회든 관계없이 재정은 대부분 통제력을 수반한다. 그러므로 외부로부터의 재정 후원은 기독교학교의 정체성을 좌우할 가능성이 있다. "후원은 Yes, 간섭은 No"는 실제로 거의 불가능한 일이다. 만약 학교가 국가로부터 지원을 받게 된다면, 그만큼의 국가로부터 통제를 받게 된다. 만약 학교가 부모로부터 많은 재정적 지원을 받게 된다면, 그만큼 부모의 요구에 압박을 받게 되는 것이다. 마찬가지로 학교가 교회로부터 재정적 지원을 받는다면, 교회의 통제를 받게 된다. 혹자는 교회가 학교를 설립한 후에는 전혀 간섭하지 않고 지원만 하면서 전문기관인 학교에게 맡겨야 한다고 주장하기도 하지만, 그 학교의 방향이 본래 교회의 설립 취지와 다르게 흘러갈 때는 어떻게 해야 하는가? 어떤 형식으로든지 학교를 설립한 교회는 그 학교가 학교의 본래 설립 목적에 맞게 운영되도록 관리, 감독, 지원할 책임이 있다고 할 수 있다. 그러므로 그런 차원에서 '설립 주체인 교회'와 '전문기관으로서의 학교' 사이의 관계를 어떻게 설정하는 것이 좋은지에 대한 깊은 논의가 필요하다.

이러한 논의에 대해 교육행정학 분야에서는 '학교 거버넌스(school govern-ance)'라는 용어를 사용한다. 교육 분야에서 '거버넌스'라는 용어는 일반적으로 교육 통치, 학교 운영, 의사결정체제 등의 의미로 해석된다. 정확하게 말하면 '통치'라기보다는 '협치'의 개념에 가깝다. 그동안 특정 행위자들이 의사결정 권한을 독점하던 방식에서 탈피하여, 학교를 둘러싼 다양한 행위자들이 상호 협력적으로 정책을 결정하는 매커니즘이라고 할 수 있다. 그러므로 학교 거버넌스는 학교를 둘러싼 구성원들의 참여와 관계를 강조한다. 학교 거버넌스는 단위학교수준에서 학교이해 관계자들의 의사결정권에 초점을 두고 책임과 역할이 누구에게 주어지는지를 중심 개념으로 하고 있다.

그렇다면 교회가 설립한 기독교학교를 둘러싼 의사결정 행위자들을 고려해 볼 때, 양자 관계를 결정하는 핵심 요소에는 어떤 것들이 있을까? 우선, 학교를 설립한 교회의 담임목사가 학교의 교육 철학을 어느 정도 주도하느냐와 그 결과로 나타나는 담임목사와 학교장의 관계가 중요하다. 둘째, 교회와 학교 사이를 연결하는 법인과 정관, 이사회 등의 구성 여부와 구성 방식도 교회와 학교의 관계에 영향을 준다. 이것은 교회가 학교를 운영할 때 교회가 직접 통제하는 방식인지, 아니면 중간에 통제기구를 두는지 등에 관한 문제이다. 인가된 학교라면 법인이나 이사회 등이 당연히 존재하는 것이겠지만, 그 존재 여부와 상관없이 그러한 기구가 실질적인 역할을 하는지 아니면 유명무실한 기구인지가 더 중요한 요소가 될 수 있다. 셋째, 학교와 국가와의 관계이다. 국가와의 관계는 이번 연구의 주요 관심 주제가 아니기 때문에 깊이 다루지는 않지만, 학교가 국가와 어떤 관계를 설정하느냐는 교회와 학교의 관계에도 중요한 변수가 된다. 법적으로 인가된 학교인지 아닌지와 국가로부터 재정 지원을 받고 있는지 아닌지가 중요하다. 이것은 결국 학교가 교육과정 운영과 학생 선발에 있어서 국가의 요구를 어느 정도 수용해야 하는지와 직결되어 있기 때문이다. 마지막으로 학교와 학부모의 관계이다. 이것 역시 이번 연구의 주된 관심사가 아니기 때문에 자세히 다루지는 않지만, 학부모라는 변수는 학교 거버넌스에서 아주 중요한 위치를 차지한다. 최근 교육학 연구에서는 학부모와 지역사회가 참여하는 학교 운영위원회의 역할을 중요한 변인으로 간주한다. 교회가 설립한 기독교학교의 경우, 상당수의 학부모가 그 설립 교회의 성도이고 구성원이기 때문에, 설립자인 담임목사에게 학교 운영에 대해 직접적으로 목소리를 낼 수도 있다는 점에서 학부모는 학교와 교회의 관계에서 중요한 요소가 된다.

본 연구는 교육행정학 논의에서의 학교 통제 방식에 대한 연구결과들과 실제로 교회가 설립한 기독교학교 사례에서의 면담자료를 토대로, 교회와 학교의 관계 쪽에 초점을 맞추어 다음 두 가지 연구문제에 대한 답을 찾고자 한다.

첫째, 교회가 설립한 기독교학교에서 교회와 학교의 관계의 현실은 어떠한가?
둘째, 교회가 설립한 기독교학교에서 교회와 학교의 관계는 어떠해야 하는가?

II. 이론적 배경

교회가 학교를 설립한 경우에 교회와 학교의 관계를 어떻게 설정해야 하는가 하는 문제를 직접적으로 다룬 논의는 찾아보기 어렵다. 따라서 이 문제에 접근하기 위해서는 교회와 학교의 관계가 성격상 어떤 특징을 지니고 있는지 살피고 그러한 특징을 지닌 관계 양상을 찾아 그에 대한 논의를 고찰하는 것이 필요하다.

교회는 일정한 목적을 갖고서 학교를 설립하고 그 구성원을 고용하는 주체인 반면, 학교는 교회가 내세운 설립 목적을 실현하기 위해 설립 주체에 의해 고용된 교직원으로 구성된 기관이다. 이 점에서 교회와 학교(사립학교)의 관계는 국가나 지방정부와 국공립학교의 관계와 유사하다. 공교육제도 하에서 국가(지방정부 포함)는 각급 학교를 설립하고 그 운영에 필요한 교원을 선발하여 그들에게 학교교육을 위임한다. 국가는 교원들이 국가의 교육 목표를 깊이 이해하고 그것을 교육과정에 반영, 실천함으로써 국가가 학교를 세운 목적을 충실히 달성하기를 기대한다. 그런데 교육전문가를 자처하는 교원들은 자신이 보유하고 있는 전문적 지식과 기술을 바탕으로 자율적 재량을 요구하게 되며, 이 과정에서 교원의 이해과 국가의 목적이 충돌할 소지가 발생한다. 경우에 따라서는 교원들이 이미 획득한 신분 보장을 무기로 자신의 업무를 소홀히 할 가능성도 배제할 수 없다.

이러한 문제는 교회와 학교의 관계에서도 동일하게 발생한다. 학교를 설립한 교회는 선교 또는 기독교적 가치관을 지닌 인재 양성 등 일정한 목적을 건학 이념으로 내세우고, 그러한 목적을 수행할 적절한 교원을 선발하여 학생을 교육하게 한다. 교회는 교원들이 건학 이념을 깊이 이해하고 실천함으로써 교회가 학교를 세운 목적을 충실히 달성하기를 기대한다. 그러나 교원들은 자신의 전문성과 교육의 자주성을 내세워 교육활동의 자율성을 요구하며, 이 과정에서 학교 교원의 이해와 교회의 목적이 충돌할 수 있다. 게다가 사립학교 교직원의 경우에는 법적으로 부여된 신분 보장이 자칫 구성원들의 도덕적 해이를 초래할 수도 있다.

학교와 그 설립 주체가 어떻게 관계를 맺어야 하는가 하는 문제는 전통적으로 교육행정학 분야의 주된 관심사였다. 이와 관련된 이론들을 종합적으로 검토해 보면, 이 문제에 대한 접근 방식은 크게 설립 주체의 통제권을 강조하는 관점, 학교의 자율성을 강조하는 관점, 설립 주체와 학교의 협력을 강조하는 관점, 이 세 가지로 구분할 수 있다. 여기서는 각 관점을 뒷받침하는 이론과 그 한계를 살펴보고자 한다.

1. 설립 주체의 통제권을 강조하는 관점

학교와 그 설립 주체의 관계를 어떻게 설정해야 하는가에 있어서, 대체로 설립 주체의 권한을 강조하는 것은 자연스러운 현상이라고 할 수 있다. 학교 설립에 소요되는 막대한 비용을 지불하고 학교 구성원에게 보수를 제공하는 주체에게 학교 조직을 통제하고 관리하는 권한이 있다는 것은 정당한 것으로 받아들여지기 때문이다. 이 경우, 주요 관심사는 '그 통제권을 어떻게 행사할 것인가?' 하는 것이다. 이와 관련된 대표적 이론으로는 과학적 관리론과 관료제론 그리고 주인-대리인 이론을 들 수 있다.[2]

과학적 관리론은 잘 알려진 바와 같이 조직 관리의 가장 중요한 목적이 조직의 생산성을 향상시키는 것이라는 입장이다. 이 이론의 창시자인 테일러(Taylor, 1911)는 생산성 향상의 장애 요소로 관리자와 종업원 간의 적대심과 비능률을 지적하고, 이를 제거하기 위해 조직 관리가 과학적, 합리적, 능률적으로 되어야 한다고 주장하였다. 구체적으로 말하면, 관찰과 분석에 기초한 과학적 방법으로 적절한 작업 표준을 정하고, 그 직무에 적합한 종업원을 선발하여 철저하

---

2) 엄밀하게 말하면 과학적 관리론은 한 조직 내에서의 성과 향상을 위한 방법론이기 때문에 국가와 학교의 관계 또는 교회와 학교의 관계와 같이 서로 다른 조직 간의 문제에 적용할 수 있는지 의문이 제기될 수 있다. 그러나 국가나 교회가 학교를 설립할 때에는 일정한 목적을 달성하려는 의도를 갖고 있으며 학교 구성원으로 하여금 그러한 목적 달성을 위해 노력하도록 지도하고 관리할 권한이 부여된다는 점에서 설립 주체와 학교는 상하 관계에 있다고 할 수 있으며 따라서 과학적 관리론의 적용 대상이 될 수 있다.

게 훈련시킨 뒤에, 종업원으로 하여금 표준 작업 절차에 따라 업무를 수행하게 하고 관리자에게는 기획과 감독의 역할을 담당하게 하며, 각자의 업무 수행 결과에 따라 성과급을 지급하면 조직의 생산성이 극대화된다는 것이다. 요컨대, 과학적 관리론은 작업 조건을 치밀하게 설계하면 종업원의 능력을 최대한 발휘하게 할 수 있다고 보는 입장이다. 이러한 입장을 반영하여 교육의 영역에서도 학교의 비효율과 낭비를 제거하고 관리의 효율을 극대화해야 한다는 주장이 제기되었다. 대표적인 학자로 보비트(Bobbit, 1913)는 가능한 모든 시간에 교육 시설을 활용하고, 교직원의 수는 최소로 감축하는 동시에 그들의 작업 능률을 최대한 유지하며, 교육에서의 낭비를 최대한 제거하고, 교원은 학생을 가르치는 데 전념하며 별도의 행정가가 학교경영을 책임져야 한다고 주장하였다.

관료제 이론은 학교 운영의 현실을 설명하는 고전적 이론이자 실제로 학교를 관리하고 운영하는 전통적 방식이다. 근래 들어 정부나 베버(Weber)는 조직의 효율성을 극대화하는 행정체제로서 관료제를 제안하였다. 그에 의하면, 조직은 전통적 권위나 개인의 카리스마에 의해 운영될 때보다 규칙과 규정에 근거를 둔 합법적 권위에 의해 운영될 때 비로소 조직의 안정성과 효율성이 높아진다는 것이다. 그가 제안한 이상적인 관료제는 몇 가지 특징을 지니고 있다. 조직의 목적에 필요한 활동이 공식적인 직무로써 구성원에게 배분되고 전문화되며, 구성원의 직무 수행이 개인적 감정에 지배되지 않고 규정에 따라 공평하게 이루어지며, 부서는 권위에 따라 위계적으로 배치되고 하위 부서는 상위 부서의 통제와 감독을 받으며, 구성원의 권리와 의무를 포함한 역할 수행이 규칙과 규정에 따라 일관성 있게 규제되며, 구성원의 선발은 자격과 전문성에 따라 이루어지고, 승진은 경력과 실적에 따라 결정되며, 해직은 규정된 조건에서만 가능하다는 점 등이 그것이다(Hoy & Miskel, 2007). 이러한 관료제의 특징들은 학교 조직 내에서 뿐만 아니라 학교와 그 감독기관 사이에서도 쉽게 발견할 수 있다. 학교의 교육은 법령이 정하는 바에 따라 이루어지며 교원의 신분 역시 보장되지만, 그와 동시에 학교의 직무는 전문성의 원리에 따라 분화되어 있으며 권위의 위계에 따라 상급기관의 지시와 통제를 받도록 되어 있다.

주인-대리인 이론은 계약 당사자 간에 정보의 불균형이 존재하는 상황에서 어떻게 두 당사자의 이익이 조화를 이루도록 유인체계를 구성할 것인가를 설명하는 이론이다. 주인-대리인 관계는 한 사람(주인)이 다른 사람(대리인)으로 하여금 자신의 이익과 관련된 행동을 그의 재량으로 수행해 줄 것을 내용으로 하는 계약이 있을 때 성립한다. 이러한 계약 관계는 우리 일상에서 흔히 볼 수 있다. 주식을 거래하고자 할 때 우리는 주식을 직접 사고팔기보다는 주식 중개인을 통하여 우리 자신의 주식을 매매하게 한다. 이러한 관계는, 예컨대, 주주-경영자, 지주-소작농, 국민-국회의원, 환자-의사 등 헤아릴 수 없이 많으며 국가와 학교, 교회와 학교의 관계 역시 여기에 해당된다. 이들 관계에서 주인과 대리인은 각기 자신의 이익을 극대화하려고 하기 때문에 상충되는 이해관계를 가진다. 그럼에도 불구하고 위임관계가 성립하는 것은 대리인이 주인보다 특정한 과업에 있어서 더 많은 지식과 능력을 갖고 있기 때문이다. 이러한 상황에서 주인은 대리인에게 그 과업에 있어서 상당한 재량을 부여하게 되고, 대리인은 그 재량의 범위 안에서 자신의 지식과 능력을 활용하여 업무를 처리하지만, 그 처리의 효과는 궁극적으로 주인에게 귀속하게 된다. 따라서 주인은 자신의 목적을 달성하기 위하여 우선 능력 있는 대리인을 골라야 하고 그가 자신을 대신하여 업무를 적절하게 수행하는지 살펴야 한다. 문제는 주인이 대리인에 비해 그 과업에 관하여 지식이 부족할 뿐 아니라 대리인의 업무수행과정을 관찰하기도 어렵기 때문에(정보의 비대칭성)[3] 대리인이 주인을 위해 최선을 다해 행동할 것이라고 보장하기 어렵다는 데 있다. 이러한 상황에서 핵심 쟁점은 다음 세 가지로 압축된다. 첫째, 어떤 대리인과 계약할 것인가? 둘째, 어떻게 대리인의 업무 수행을 효과적으로 감시할 것인가? 셋째, 어떻게 보상 체제를 마련해야 대리인이 주인의 이익에 충실하도록 업무를 수행할 것인가? 이에 대한 해결책으로는 여러 가지가 논의되고 있다. (1) 대리인 스스로 학력과 경력을 통해 자신의 능력과 지식에 관한 정보를 주인에게 드러내는 방법(signaling), (2) 주인이 차별화된 복수의 계약(menu of contracts)을 제공하여 대리인으로 하여금 선택하게 함으로써 그의 능력과 지식에 관한 정보를 얻는 방법, (3) 대리인의 능력과 업무 성과에 관한 명성(repuation)에 의존하는 방법, (4) 다수의 대리인을 고용함으로써 대리인 간의 경쟁, 상호통제, 정보의 제공 등을 꾀하는 방법(multiple agents), (5) 조직 내에서 정보체계(information system)나 공동 지식(knowledge pool)을 구축하여 정보의 비대칭 자체를 완화하는 방법 등이 그것이다(정용덕 외, 1999).

여기에서 설명한 세 가지 이론은 기본적으로 학교와 설립 주체의 관계에 있어서 설립 주체의 우월적 지위를 인정한다. 과학적 관리론은 설립 주체로 하여금 학교 교직원에게 분명한 목적과 과업을 제시하고 그러한 목적을 달성하기

3) 정보의 비대칭성(information asymmetry)이란 계약 과정에서 주인이 대리인의 능력을 파악할 수 없거나 계약 이후 대리인의 업무가 제대로 수행되고 있는지 파악할 수 없는 상황을 가리킨다. 정보의 비대칭성은 대리인의 기회주의적 행동을 유발할 수 있는데 '역선택'과 '도덕적 해이'가 그 대표적 유형이다. 역선택(adverse selection)이란 정보가 비대칭적으로 분포된 상황에서 정보를 갖지 못한 측에서 볼 때 가장 바람직하지 않은 상대방과 거래할 가능성이 높아지는 현상을 의미한다. 운전자에 대한 완전한 정보를 갖지 못한 보험회사가 평균적인 사고율에 의해 보험료를 결정하면, 사고 발생율이 적은 운전자는 보험을 회피하고 사고 발생율이 높은 운전자만이 보험에 가입하게 되는 현상이 그 전형적인 예이다. 도덕적 해이(moral hazard)는 정보를 소유하지 못한 측의 입장에서 볼 때 정보를 소유한 측이 바람직하지 않은 행동을 취하는 경향을 의미한다. 화재보험에 가입한 사람이 보험 가입 전보다 화재 예방 노력을 덜하게 되는 현상이 그 예가 된다. 요컨대, 주인-대리인 이론은 정보의 비대칭성으로 인해 발생하는 역선택이나 도덕적 해이를 어떻게 방지할 것인가에 대한 담론이라고 할 수 있다.

위해 엄격한 관리 감독과 성과에 따른 보상체계를 갖출 것을 권고한다. 관료제론 역시 권위의 위계를 중시하며 상급자의 전문성이 하급자의 그것보다 높다는 것을 가정한다. 주인-대리인 이론은 유능한 교직원을 확보하는 동시에 그들을 감시하고 통제할 다양한 기제들을 제공한다.

그러나 이러한 이론들에 대한 비판도 만만치 않다. 과학적 관리론에 대해서는 인간성을 배제한 채 인간을 기계처럼 취급한다는 지적과 특히 인성 계발을 목적으로 하는 교육의 과정에 적용될 경우 심각한 부작용이 발생한다는 비판이 제기되고 있다(윤정일 외, 1994). 관료제론에 대해서는 학교는 구조적으로 느슨하게 결합되어 있는 특수한 조직으로서 교육자의 자유재량권이 허용된다는 사실이 지적된다(Bidwell, 1965). 주인-대리인 이론에 대해서는 인간의 행동이 반드시 공리적 계산에 의해 이루어지는 것은 아니며, 조직구성원의 자부심, 동료들의 기대, 협동심, 사명감, 조직문화와 같이 비계산적인 기제에 의해 움직이거나 개인적 이기심이 조절되는 경우가 적지 않다는 비판이 제기되고 있다(Wilson, 1989).

결론적으로 보면, 학교조직의 구조적 특성으로 인해 구성원들에 대한 통제와 감시가 쉽지 않은 현실을 고려할 때 설립 주체의 통제권을 강조하는 관점은 이론적으로나 실제적으로 큰 효과를 거두기 어렵다고 할 수 있다.

2. 학교의 자율성을 강조하는 관점

학교와 그 구성원에 대한 관료적 통제가 학교교육의 질을 높이는 데 크게 기여하지 못한다는 것은 주지의 사실이다. 이에 대부분의 국가는 학교와 교사를 감시하고 통제하기보다는 그들에게 교육활동에 대한 자율과 책임을 부여하고 그들에 대한 지원시스템을 구축하는 방향으로 정책과 제도를 개선해나가고 있다. 우리나라도 예외가 아니어서 이념적 수준에서는 교육제도의 근간인 헌법과 교육기본법에 교육의 자주성과 전문성을 명시하고 있으며, 실제적으로는 90년대 중반 이후부터 학교운영위원회나 학교회계제도 등과 같은 다양한 정책과 제도를 통해 단위학교의 자율성을 구현해 가고 있다. 이에 대한 이론적 근거는 '느슨한 결합체제론(loosely coupled system)'과 '학교단위경영제(school-based management)'에서 찾을 수 있다. 전자가 학교 운영의 현실을 있는 그대로 설명한 기술적(descriptive) 이론이라면, 후자는 학교교육의 성과를 높이기 위해 학교와 교사의 자율성이 강화되어야 한다는 규범적(normative) 이론이다.

느슨한 결합 체제론은 일반 조직과 다른, 학교만의 독특한 측면을 설명하는 이론이다. 과거의 전통적 이론에서는 학교 조직의 관료적 특성을 강조하여 학교는 조직의 공식목표를 달성하기 위해 학교장을 중심으로 일관성 있게 피라미드식으로 짜여 있다고 보았다. 그러나 실제 학교조직은 하위체제 간에 구조적으로 느슨하게 결합되어 있다는 주장이 제기되었다. 가령, 학생 상담과 관련하여 학교장과 상담전문가는 상호 영향력이 약하며 각자의 정체성과 독립성을 유지하고 있다(Weick, 1976). 학교의 중심적 활동인 수업 역시 조직구조의 통제로부터 벗어나 있으며 '신뢰의 논리'에 따라 교사에게 맡겨져 있다(Meyer & Rowan, 1983). 이 같은 느슨한 결합 체제로서의 학교는 한편으로는 학교교육의 질과 성과를 관리하고 확인하는 데 어려움이 있다는 사실을 보여 주기도 하지만, 다른 한편으로는 학교 조직 내에 이질적인 요소들이 공존하도록 허용하며 환경 변화에 국지적으로 대처하게 함으로써 조직의 유연성을 높인다는 긍정적 측면도 보여 준다(Campbell et al, 1968).

학교단위경영제는 학교에 대한 지나친 집권화와 관료적 통제가 학교의 효율성을 저하시킨다고 믿고, 분권화를 통해 단위학교의 자율적 경영체제를 구축함으로써 학교의 효율성을 높이고자 하는 방안이다. 이 이론의 기본 논리는 두 가지이다(David, 1989). 첫째는 학생과 가장 가까이 있는 사람들이 가장 적절한 의사결정을 내릴 수 있다는 것이다. 둘째는 변화는 학교 구성원들이 주인의식을 가질 때 더욱 잘 일어나는데, 이러한 주인의식은 학교 구성원들이 학교경영에 대한 의사결정 권한을 가질 때 가능하다는 것이다. 요컨대, 학교에 자율권을 부여하면 최적의 의사결정이 가능할 뿐 아니라 그 결정사항에 대한 구성원의 헌신적 참여도 나타난다는 것이다. 이 이론은 1980년대 중반 이후 학교 재구조화 운동의 일환으로 주목받기 시작했으며, 현실에 적용되는 과정에서 다양한 모형이 개발되었다. 학교장을 중심으로 하는 '행정가 통제 모형', 교장과 교사가 의사결정을 공유하는 '전문가 통제 모형', 학부모와 지역사회 인사들이 함께 참여하는 '지역사회 통제 모형'이 그것이다. 이들 다양한 모형들은 공통적으로 단위학교의 자율성과 함께 참여적 의사결정을 강조하고 있다.

느슨한 결합 체제론과 학교단위경영제는 학교의 자율성이 왜 필요한지에 대한 논리적, 현실적 근거를 제시한다. 학교가 수행하는 교육활동은 성격상 고도로 구조화된 조직과 어울리지 않는다. 학교가 구조적으로 느슨할 수밖에 없는 이유에 대해 로티(Lortie, 1975)는 교수활동에 대한 통제와 평가를 어렵게 하는 여러 요인을 들어 설명한 바 있다. 교육 목표에 대한 합의의 어려움, 교수 방법의 불확실성, 구체적인 교육모형의 부재, 평가 시기의 모호성, 교육 결과의 불안정성 등이 그 대표적인 예이다. 학교교육에 내재되어 있는 이러한 특성들은 교육 활동의 표준화와 관료적 통제를 어렵게 한다.

그런데 학교단위경영제는 학교의 내적 특성들이 오히려 학교교육의 질과 성과를 높이는 방향으로 활용될 수 있음을 보여 준다. 별 효과도 없는 행정적 감시와 통제를 고집하기보다는 학교와 교사에게 자율을 부여함으로써 그들의 참여의식과 책무성을 높이고 궁극적으로 학교의 효율성을 높이자는 것이다. 문제는 학교의 자율성을 강화할 경우 그 책무성을 어떻게 확인할 것인가 하는 것이다. 학교와 교사에게 부여된 재량권이 제대로 활용되지 않아 교육의 질을 높이는 데 기여하지 못할 가능성이 상존하기 때문이다. 실제로 학교단위경영제를 시행한 사례를 검토해 보면 대체로 그 목적 달성에 실패한 것으로 알려져 있다 (Murphy & Beck, 1995). 물론 그 원인에 대해 학교의 자율성이 충분히 주어지지 않았다든지, 학교가 자율권을 발휘하는 데 필요한 인적·물적·제도적 지원이 부족했다든지, 교육청 행정가나 교원노조와 같은 기존 체제의 저항이 거셌다는 등의 여러 가지 설명이 제시되고 있기는 하다(Murphy & Beck, 1995). 그러나 학교의 자율성을 강화할 경우 그에 따르는 책임을 어떤 방식으로 확인할 것인가 하는 것은 여전히 쟁점으로 남아 있다.

3. 설립 주체와 학교의 협력을 강조하는 관점

학교 설립 주체의 입장에서 보면, 학교와의 관계 설정은 딜레마 상황에 처해 있다. 학교를 설립한 목적을 달성하기 위해 감시와 통제를 강화하면 학교와 교사의 사기가 떨어져 결과적으로 학교교육의 질이 떨어질 수 있다. 그렇다고 해서 학교와 교사의 자율성과 독립성을 지나치게 보장하면 사칫 학교 구성원의 도덕적 해이 현상이 나타나 본래 학교를 설립한 목적 달성에 실패할 수도 있다. 결국 설립 주체와 학교의 관계는 적절한 균형점을 찾을 수밖에 없다. 이와 관련하여 최근 등장한 거버넌스 논의는 시사하는 바가 크다.

거버넌스는 국가의 통치력이 약화되고 사회 구성원의 참여 요구가 높아지는 상황에서 새롭게 등장한 개념이다(Kooiman, 1993). 다시 말해 거버넌스는 종래 국가 중심의 배타적이고 독점적인 통치(governing)나 정부(government)를 대체하는 용어로서 정부와 시장, 시민사회 등이 파트너십 형성을 통하여 공동의 문제를 해결해 나가는 구조와 과정을 의미한다. 교육 분야에서 거버넌스는 '중앙, 지방, 학교수준의 정치적 단위들이 교육정책 또는 교육에 관해 의사결정권과 통제권을 행사하는 방식(Sergiovanni, 1999; 김민조, 2003)'으로 규정되는데, 여기에서 중요한 것은 의사결정 내지 통제 과정에 관여하는 주체들의 다양성을 전제하고 그들 간의 협력적 통치가 강조된다는 것이다.[4] 거버넌스 모형은 운영 주체와 운영 방식에 따라 다양하다. 여전히 국가 중심성과 강한 정부를 상정하는 '계층제 거버넌스 모형', 사회행위자들의 역할과 국가의 관여가 균형을 이루는 '협력 거버넌스 모형', 국가가 국정 운영 능력을 잃고 사회적 행위자들이 주도적으로 자기 조정을 수행하는 '자치 거버넌스 모형' 등이 그 예이다(Kooiman, 2003). 대부분의 거버넌스 논의는 현재의 국가 중심적 통치 구조도 거버넌스의 한 유형으로 인정하지만, 관료제적 통제보다는 사회 운영에 있어서 조정(steering)을 강조한다는 점에서 협력 거버넌스와 자치 거버넌스를 보다 발전된 형태로 본다.

거버넌스의 관점으로 국가 또는 교회와 학교의 관계를 살펴보면 국가와 교회가 예전에 누렸던 합법적 통제권은 점차 위세를 잃어가고, 의사결정에 대한 참여를 요구하는 학교 구성원의 목소리는 점점 더 커지고 있다는 것을 발견하게 된다. 우리 사회의 경제 발전과 민주화의 진전은 이러한 현상을 더욱 촉진한다. 이러한 사회적 상황의 변화는 교육의 자주성과 전문성을 강조하는 교육자들의 입지를 강화시킨다. 이제 국가나 교회는 학교를 설립한 목적을 달성하기 위해 학교 구성원들에게 더욱 더 의존하지 않을 수 없게 된 것이다. 학교교육과 관련하여 어떤 문제를 어떤 방식으로 협력할 것인지에 대해 양자 간의 진지한

---

4) 이 점에서 보면 앞에서 설명한 학교단위경영제는 거버넌스 변화의 한 유형이라고 할 수 있다.

논의와 조정이 불가피한 상황이라고 할 수 있다.

III. 기독교학교의 현실에 대한 분석적 검토

그렇다면 그동안 교회와 학교의 관계와 관련된 선행 연구에는 어떤 것들이 있을까? 우선 주목해야 할 현상은 교회가 설립한 기독교대안학교가 증가하고 있다는 것이다. 기독교대안학교에 대한 연구를 꾸준히 시행해 온 기독교학교교육연구소(2012a)의 최근 연구에 의하면, 2012년 6월 기준으로 전국에 131개의 기독교대안학교가 있는 것으로 보고되었다(조사는 2011년에 시행). 그중 이번연구 설문조사에 응한 87개 학교 가운데(설립 유형 질문에 응답한 학교는 83개, 4개는 무응답) 교회가 설립한 학교의 수는 응답 학교의 41.7%인 35개로 조사되었다. 이는 기독교학교교육연구소의 2006년 기독교대안학교 1차 실태조사(43개 중)에서 확인한 17개교에 비하면 5년만에 2배 이상 증가한 것이다. 이러한 기독교대안학교의 폭발적인 증가 추세는 마치 1907년 평양대부흥운동 이후 촉발된 한국교회의 소학교(초등학교) 설립 운동을 연상시킨다. 당시 장로교회 보고에 따르면, 한국교회의 부흥과 함께 실시한 '1교회 1학교 설립 운동'의 결과로 1905년과 1908년 사이에 교회 수는 417개에서 897개로, 소학교수는 139개에서 542개로 증가하였다. 교회 대비 학교수로 보면 1905년에는 33%였는데, 1908년에는 60% 이상이었다. 이는 세 교회당 소학교 하나에서 두 교회당 소학교 하나 이상으로 증가했다는 의미이다(임회국, 2007). 공교육 체계가 세워지지 않았던 1907년 무렵과는 달리 이미 모든 학생이 공교육을 통해 의무교육을 받을 수 있는 상황에서 대안학교가 이렇게 성장한 것은 시대적 현실이 학교를 통한 기독교교육을 간절히 원하고 있다는 것의 반증이 아닐 수 없다.

이러한 교회 설립 기독교학교의 증가와 함께 두 가지 문제 양상이 나타나고 있다. 그 첫 번째는 기독교학교가 갖고 있는 두 가지 교육적 요구(소위 '두 마리 토끼론'으로 불림)로 인한 혼란이다. 학교 설립의 목적인 '기독교교육'과 현실적인 학교교육의 과제인 '입시 준비'의 마찰이 그것이다. 학교는 교회로부터 이 두 가지의 요구를 동시에 받게 되는 경우가 많으며, 그 요구에 적절하게 반응하지 못함으로 인해 여러 어려움을 겪게 된다. 2007년 진행된 연구 "기독교학교의 교육 목표와 대학 입시"에서, 강영택(2008)은 신앙과 실력의 관계를 분리적 관점에서의 '신앙 우선 모형', '실력 우선 모형', '대등 모형', 그리고 연결적 관점에서의 '선신앙 후실력 모형'과 '주실력 종신앙 모형'의 다섯 가지 모형으로 유형화하였다. 이 중에서 소위 세속화된 기독교학교에서 종종 나타나는 '실력 우선 모형'이나 '주실력 종신앙 모형'의 경우(어떤 면에서는 '대등 모형'까지)에는 본래 학교의 설립 이념이라고 할 수 있는 기독교교육은 유명무실하게 희미해지거나 입시와는 완전히 분리되어 이분법적으로 진행된다. 이러한 현상은 특히 기독교학교의 교사 선발에서 두드러지게 나타난다. '교사가 얼마나 그리스도인다운 삶을 살아내고 있는가'보다는 '지식교육을 얼마나 잘 가르칠 수 있는가'를 점차 더 중요한 선발 기준으로 보고 교사를 선발하게 되어, 기독교인이 아니거나 명목상의 기독교인으로 살아가는 이들이 교사로 선발되는 일들이 발생한다. 또한 기독교교육은 교목실만의 업무로 전락하고, 주1회 예배나 성경 수업을 유지하는 것이 그 학교의 유일한 기독교교육의 커리큘럼이 된다. 이러한 일들이 그동안 기존 기독교학교들에서 종종 벌어지곤 했다.

기독교대안학교의 등장은 어쩌면 기존의 기독교학교들의 이러한 한계에 기인하는 측면이 있다. 그래서 초기 기독교대안학교들은 '대안(代案)학교'라는 용어보다는 '원안(原案)학교'라는 단어를 쓰거나, '미션스쿨'이 아닌 '크리스천스쿨'

이라는 단어를 사용하기 원했다. 다른 모든 교과수업과 학교의 운영이 비기독교적인데 단지 예배시간이나 성경공부시간을 갖는다고 해서 그것을 기독교교육이라고 할 수 없으며, 모든 교육과정이 기독교적으로 재구성되는 것이 필요하다고 주장했던 것이다. 크리스천스쿨의 필요성을 강조한 대표적인 호주의 기독교교육학자 리차드 에들린(Richard A. Edlin, 2004)은 이러한 비기독교적인 교육형태를 일컬어 '케이크에 아이스크림 바르기(Icing on the cake)'라고 비난했다.

기독교대안학교는 그러한 비기독교적인 교육 형태를 극복하는 것을 위해 등장했다는 점에서 기독교교육의 목표 상실이라는 문제로부터는 비교적 자유로운 편이다. 그러나 정말 기독교대안학교가 기독교 세계관에 입각한 교과교육을 실시하는가 하는 문제에 있어서는 자신 있게 말하기가 어렵다. 기독교 세계관 필독서 『창조, 타락, 구속』의 공저자인 캐나다의 마이클 고힌(Michael W. Goheen) 교수는 이러한 기독교학교들의 한계를 꼬집어 'Aiming at Christian Education, Settling for Christians Educating(기독교교육을 지향하지만 결국 기독교인들이 교육하는 것에 안주하게 된다)'이라고 표현했다. 그것을 지향하고 시작하지만 실제로 그것을 잘 이루기는 어려워 중간에 타협점을 찾는다는 뜻이다. 한국적 상황에서는, 특히 기독교학교교육을 위한 전문교사 양성 대학이 없다는 것이 진정한 기독교교육 구현에 한계로 나타나고 있다.

또한 기독교대안학교 설립 운동의 역사가 10년을 넘어서면서 이제 기독교대안학교들도 본격적으로 입시를 고민하기 시작했다. 기존의 세속화된 기독교학교들이 갔던 전철을 다시 밟지 않기 위해서는 입시 위주의 한국적 교육상황에서 입시를 기독교적으로 어떻게 봐야 하는가에 대한 고민이 더욱 깊어질 필요가 있다. 여기에 현대 공교육의 한계를 극복하기 위해 시작된 대안적 교육을 추구하는 학교가 아니라 어떤 면에서는 세속적인 부모의 욕망을 더 잘 충족시켜 주기 위한 기독교대안학교들이 등장하기 시작하면서 기독교대안학교도 이러한 세속화의 문제에서 자유로울 수 없는 형태가 되어 가고 있다. 기독교대안학교의 미래가 어쩌면 이 두 가지 교육적 요구의 혼란을 극복하는 문제에 달려 있다고 해도 과언이 아니다.

두 번째 문제는 기독교대안학교들에서 나타나고 있는 리더십 갈등의 문제이다. 교회 설립 기독교대안학교들이 등장하면서 많이 발생했던 문제 중의 하나가 기독교교육의 목표를 가진 설립 준비위원들과 그것을 구현할 사람으로 선정된 일반 교육전문가들의 충돌이다. 많은 경우 교회들은 앞에서 말한 것과 같은 온전한 기독교학교를 꿈꾸며 설립 준비에 착수했다. 그러나 그 최종 목표를 구현할 사람들을 채용하는 단계에서는(특히 교장 임명에 있어서) 공교육에서 교직 경험을 가진 교인들을 선정하다보니 설립 준비위원들이 꿈꾸던 기독교교육을 알지도 경험하지도 못한 분이 교장을 맡게 되는 경우가 종종 있었다. 구상했던 사람과 실현하는 사람 사이에 괴리가 발생하는 것이다. 차라리 설립자가 교육전문가여서 직접 교장이 되거나 자신의 의지를 정확히 구현할 교장을 임명하여 교육할 수 있으면 좋겠지만, 대부분의 경우, 설립자 목회자는 교육전문가가 아닌 경우가 많기 때문에 설립 준비위원들이 학교를 구상하고, 그 구상에 따라 교직원을 선발 혹은 임명하는 경우가 많았다. 그래서 실제 학교에서 학교의 설립 목적을 구현할 교직원들이 학교의 교육 철학을 충분히 공유하지 못하고 학교를 시작하곤 했던 것이다. 한 교회 설립 기독교대안학교의 설립자는 이러한 결과에 대해 '학교 설립의 실질적인 준비가 미흡했다'고 평가했다(기독교학교교육연구소, 2007). 구상은 많이 했으나, 그것을 실제로 구현할 사람들을 훈련하고 준비시키는 일에는 소홀했다는 뜻이다. 그 결과로 학교 초기에 리더십 충돌이 많이 일어났고, 초기 교회 설립 기독교대안학교들은 어려움들을 많이 겪어야 했다.

그 반대의 경우도 있었다. 학교 설립 준비위원 중에서 기독교교육의 의지는 있으나 일반 학교의 경험은 없는 교장이 임명된 경우들도 있었는데, 이 경우에는 학교운영에 대한 노하우가 부족하여 생기는 각종 혼선이 학교 안에 있었다. 그 외에도 설립 준비를 해온 핵심 인사가 학교 설립과 동시에 교목이나 행정실장으로 학교에 참여하게 되는 경우에는 이들과 임명된 교장 간의 리더십 갈등이 생기는 경우도 있었다. 기독교성과 학교성을 고루 갖춘 교장을 찾기 힘들다는 점과 학교 구상과 그 구상의 실현을 서로 다른 사람들이 맡게 한 것이 문제의 핵심이었다.

학생 선발과 교육과정 편성의 자유가 있는 기독교대안학교에 비해 기독교학교(미션스쿨)는 국가와의 관계에서의 어려움을 겪는 경우가 많다. 비기독교인 학생들이 대다수 존재하는 가운데 학생들에게 종교교육(신앙교육)을 하기 원하는 학교 측의 입장과 종교의 자유를 원하는 이들의 입장이 충돌하면서, 기독교학교는 정규 교육으로 편입된 종교수업에 대해서는 학생들에게 복수선택을 할 수 있도록 할 것을 요구받고 있으며, 채플에 대해서도 학생의 선택권을 보장하라는 요청을 받고 있다(기독교학교교육연구소, 2012d).

IV. 연구방법

본 연구는 문헌 분석과 질적 사례 연구를 연구방법으로 삼고 있다. 이를 통해 교회가 설립한 기독교학교들에서 교회와 학교의 관계가 현재 어떠하며 앞으로 어떠해야 한다고 생각하는지 그 실태와 방향성을 제시하고자 한다.

문헌 분석은 교회와 기독교학교의 관계에 관한 선행 연구와 학교 거버넌스에 관한 문헌들을 중심으로 이루어졌으며, 이를 통해 분석의 틀을 도출하였다.

질적 사례 연구의 연구대상기관으로는 교회가 설립한 세 개의 학교와 그 교회를 선정했다. 다양한 기독교학교의 사례를 확인하기 위해 세 가지로 기독교학교의 유형을 분류하여 각 유형별로 가장 전형적인 사례를 선정하려고 노력했다. A교회-학교 사례는 인가된 사립학교(미션스쿨 유형)이며, B교회-학교 사례는 인가된 대안교육 특성화학교이고, C교회-학교 사례는 미인가 기독교대안학교이다.

A교회에서 세운 A고등학교는 설립된 지 오랜 역사를 가진 대표적인 종교사학이다. 학생 선발에 있어서는 기독교인만 아니라 비기독교인들도 선지원 후 추첨에 의해 배정받는 미션스쿨이며, 국가의 재정 지원을 받고 있다.

B교회에서 세운 B중학교는 특성화중학교로 공교육 체제 내에 있는 사립학교이지만, B교회의 전폭적인 재정 투입으로 국가의 재정 지원으로부터 독립되어 있어 기독교학교로서의 정체성을 강하게 유지하고 있는 신설 사립학교이다. 학생 선발에 있어서는 B교회 성도 자녀들이 중심이 되며, 기독교인을 중심으로 선발된다.

마지막으로 C교회에서 세운 C초등학교는 국가의 인가를 받지 않은 미인가 기독교대안학교이다. C교회의 지원 속에 운영되고 있으며, 국가로부터 지원을 받지 않기 때문에 학부모의 재정 부담도 큰 편이다. 그 대신 교사 선발, 교육과정 등의 영역에서의 자율성은 크다. 학생 선발에 있어서는 C교회 성도 자녀들이 중심이 되며, 기독교인을 중심으로 선발된다.

인터뷰는 각 교회의 입장을 대변해 줄 수 있는 목회자들과 각 학교의 입장을 대변해 줄 수 있는 교장, 교목, 행정실장 등을 대상으로 2012년 8월 21일부터 9월 27일까지 이루어졌으며, 총 인터뷰 면담자는 11명이고 개별 면담을 실시했다. 분석은 인터뷰 내용을 녹음하여 전사한 자료를 활용했으며, 개별 학교 사례를 분석하는 형태가 아닌 세 가지 사례를 통한 종합하여 기독교학교 전반에서의 교회와 학교의 관계를 논의하는 방식으로 분석하였다. 각 사례 면담자는 〈표 1〉과 같다.

〈표 1〉 면담 대상

기관			면담자
A사례	A교회	2명	담임목사, 학원선교부 목사
	A고등학교	3명	교장, 교목 행정실장
B사례	B교회	1명	부목사 겸 학교 교목
	B고등학교	2명	교장, 행정실장
C사례	C교회	1명	담임목사-설립자
	C고등학교	2명	교장, 교목

면담지는 반구조화된 질문으로 구성하였으며, 기본적으로 먼저 교회가 학교를 설립한 이유를 확인한 다음, 이어서 교회와 학교의 현실적 관계와 바람직한 방향을 물었다. 이 연구는 자료 수집 기간이 짧고 방문횟수, 면담자수, 면담자와의 라포(rapport) 형성 등에서 모두 충분한 자료 수집을 했다고 보기에는 부족한 면이 많다. 좀더 심층적인 내면의 이야기를 끌어내기 위해서는 자료 제보자들과의 충분한 관계 형성과 장기간에 걸친 자료 수집이 이루어져야 하는데 그러지 못한 아쉬움이 남는다. 이러한 점은 본 연구의 중요한 한계라고 할 수 있다. 그러나 대표적인 교회 설립 기독교학교들을 선정하고, 가능한 연구자들과 사전에 관계를 가지고 있었던 면담자들을 선정함으로써 이러한 부분을 보완하려고 노력했다.

V. 연구결과

1. 교회가 학교를 설립한 이유

1) 신앙인을 만드는 것=선교

교회가 학교를 설립한 이유는 크게 세 가지 정도로 정리해 볼 수 있다. 그 첫 번째는 '선교'다. 기본적으로 목회자들은 학원선교를 군선교와 함께 복음 전파의 황금어장으로 인식해 왔고, 그런 이유로 학교는 선교의 중요한 기지로 설정되었다. 이러한 목적을 중요하게 여기는 학교들은 비기독교인 가정의 아이들을 받는 것을 자연스럽게 여기며, 그들에게 복음을 전하고 예수를 믿게 하여 세례를 주는 것을 학교의 주요 목적으로 삼았다. 그러나 이 경우에도 과거와는 달리 "비그리스도인에게 복음을 전하는 방식"에서의 변화가 요구되고 있다. 그리스도인들이 본이 되는 모습을 보여 주지 못하는 가운데 배려가 없는 일방적인 방식으로 복음을 전파하는 경우, 황금어장이라는 기독교학교에서 오히려 아이들의 마음을 잃어가는 일들이 벌어지고 있기 때문이다. 방법에는 변화가 필요하지만, '선교'는 여전히 교회가 기독교학교를 설립하는 주된 이유가 되고 있다. 이런 이유로 학교교육을 통한 기독교인 비율 증가와 학교를 통해 세례 받는 이의 수가 건학 이념 구현의 중요한 지표로 여겨지고 있다.

> 쉽게 이야기하면 교회에서 우리에게 바라는 것은 전도 열심히 하는 거예요. 크리스천 만드는 것. 그런데 삼 년 동안 다 기독교인이 되는 건 아니잖아요. 그게 아니니까 '뭐 언젠가 되겠지.' 막연하게 생각을 하는데…. 옛날처럼 세례 다 받게 만들고 이런 건 아니거든요. 교회에서는 그렇게 했으면 좋겠다는 바람이 있죠. 그리고 여기

서 배워서 나간 학생들이 사회에서 무슨 일을 하든지 간에 신앙을 가지고 세상에 나갔으면 좋겠다, 그런 바람이 있죠. - A학교 교목 -

2) 기독교적 가치관을 가진 사람=사회화

교회가 학교를 설립한 두 번째 이유는 학생들이 '기독교적 가치관을 가진 사람'이 되도록 하는 것이다. 기독교학교를 통해 모두가 신앙을 갖게 된다면 제일 좋은 일이지만, 그렇지 않더라도 기독교적인 가치관에 대해 긍정적으로 생각하고, 본인도 그런 삶을 살기를 원하는 사람들로 길러내는 것도 학교의 중요한 목적이 될 수 있다. 학창시절은 특히 가치관과 인생관이 고민되고 결정되는 중요한 시기이기 때문에 아이들의 사고에 의미 있는 영향을 끼칠 수 있다. 기독교학교의 교육 결과 중 하나로 "사회화"를 들 수 있는데(김경진, 2011), 사랑, 섬김, 이타적 삶, 정직, 인내 등의 가치관들이 기독교 신앙과 함께 학생들에게 전수될 수 있다.

학생들한테 기독교교육이 중요한 것은 그 시기가 제일 정신적으로 형성되는 시간이고 갈등과 방황이 있는 시간이기 때문입니다. 그런 중요한 시기에 사람을 사람 되게 만드는 방법은 복음밖에 없다고 확신하는 거죠. 저희 교회가 세운 학교들은 모두 '경천애인'이라는 표어를 가지고 있어요. 하나님을 사랑하고 하나님을 두려워하는 사람이 하나님 앞에서 참 삶을 살아가니까 정직하고 순결한 삶을 살아갈 수밖에 없고, 또 이웃을 사랑하는 사람은 이기적으로 자기만 잘 먹고 잘살겠다는 것이 아니라 이웃을 돕고 이웃을 세워 주는 삶을 살아가는 사람입니다. 저는 늘 경천애인의 뜻을 생각하고 그런 기독교 가치관을 가진 사람을 만들겠다고 생각하죠. 혹자는 기독교인 숫자를 늘리는 것을 하나의 목표로만 생각하는데 그 사람들 가운데는 기독교인일 수도 있지만 기독교인이 아니면서 기독교 가치관을 가지고 사회 속에서 살아가는 사람이 있단 말이죠. 그런 사람을 기르는 게 목표입니다. - A교회 목사 -

3) 기독교적 인재 양성=제자화

교회가 학교를 설립한 세 번째 이유는 '기독교적 인재 양성'이다. 믿지 않는 이들에 대한 '전도'보다는 믿는 이들의 '양육'을 목적으로 하는 것이다. 이것은 대체로 교회학교의 한계와도 연결되어 있다. 그동안에는 기독교적 인재 양성이 교회학교를 통해서 주로 이루어졌다면, 오늘날 교회학교는 매우 위축되어 있어서 '주 1회 주일 오전 2시간' 이내에 한정되고 있다. 박상진(2010)은 이런 현실을 '한국전쟁 때 국군이 낙동강까지 후퇴해 밀려 내려온 상황'에 비유하며, '기독교교육의 인천상륙작전'이 필요하다고 주장하기도 한다. 그리스도인의 자녀들을 믿음의 뿌리가 깊은 다음세대로 길러내는 일을 위해 기독교학교가 설립되고 있는 것이다.

기독 인재를 양성해야 된다고 하는 목표를 가지고 학교를 설립했지요. 교회학교만 가지고는 분명한 한계를 가지고 있거든요. 우리 어릴 땐 수요예배도, 토요집회도 있었고, 주일 저녁예배도 있었어요. 뭐 그러니깐 교회교육이 가지고 있는 비중이 학교교육에 비교했을 때 뒤떨어지지 않았던 시대에는 교회교육만을 가지고 기독 인재를 만드는 것이 어렵지 않았어요. 그런데 요즘은 일주일에 아이들을 한 차례 만나는 것 외에는 부모님들이 조바심을 내니까, 중직자들의 자녀들까지도(마찬가지예요). 그래서 학교를 해야 되겠다(생각했죠.) 초기 한국 기독교가 학교를 했던 이유가 그것은 선교적 차원이었다고 한다면, 지금은 선교적 차원과 아울러 기독 인재를 양성하는 이런 부분 때문에 학교교육을 해야겠다(생각했죠). - C교회 목사 -

우리 목사님의 생각은 뭐냐면, 우리 학교는 전도의 목표도 있지만 전도보다도 양육에 목표를 둔다였어요. 그러기 때문에 (학생 선발에서) 믿는 가정, 크리스천 가정의 자녀들만 우선 받게 됐어요. 그래서 우리는 학교를 통해 자녀들에게 뿌리를 깊이 있게 내려갈 수 있도록. 어떤 상황에도 흔들리지 않고 뿌리째 뽑히지 않는 그러한 아이들로, 하나님의 자녀들로 키우자고 해서, 학교를 세우게 되었습니다. 저희 학교의 목적이 그렇게 뚜렷했어요. - B학교 교장 -

4) 또 다른 목표들=교인수 증가, 교회 재산 관리, 엘리트 교육에 대한 기대 등

학교의 유형에 따라 선교와 사회화를 더 강조하는 기독교학교의 유형이 있고, 제자화를 더 강조하는 기독교학교의 유형이 있을 수 있지만, 앞에서 언급한 '선교', '사회화', '제자화'의 목적들은 모두 소위 '기독교교육'이라는 이름으로 요약할 수 있는 기독교학교 설립의 목적들이다. 그러나 자세히 학교를 설립한 교회들이 학교에 요구하는 목소리들을 들어보면, 그것만 있는 것이 아니라 그 외의 다른 목적들이 발견되곤 한다. 표방하지 않은 숨겨진 목표들이 있는 것이다. 그 중에는 '교인수 증가', '교회 재산 관리', '엘리트 교육에 대한 기대' 등이 있다. 이러한 요구들은 앞에서 언급한 '기독교교육'이라고 하는 목표와 부딪힐 수 있으며, 이 때문에 학교는 교회로부터 오는 두 가지 요구에 혼란을 겪게 되기도 한다.

학원선교에 대한 교회(장로님들)의 바람은 input된 만큼 output되기를 바랍니다. 특히 아이들이 우리 교회에 나오기를 원합니다. 교회가 각 학교마다 지원하는 금액이 굉장히 큽니다. 그리고 그렇기 때문에 이게 교회 내부적으로는 우리 교회학교 아이들도 그렇게 지원해 주지 않는데 왜 학교에만 퍼주냐고 불만 있으신 분들도 계십니다. 그래서 더욱 재정이 input이 됐으니까 output되야 한다고 얘기하시는 분들이 있으신 것 같습니다. - A교회 부목 -

개척한 담임목사가 하니까 (교인들이) 그냥 따라오긴 하죠. 지금 제일 어려움은 그동안 학교에 수십 수백억 정도가 투입됐는데, 그럼 이렇게 투입된 것이 이제 인가받아서 재단으로 독립시킨다면 교회의 재산에서 멀어지는 것 아닌가 하는 우려가 장로님들에게 있어요. 인가를 받는 순간 1원도 가져올 수 없을 뿐만 아니라 재단 전

입금이 더 들어가야 하거든요. 그래서 사학들의 재단 비리가 나오는 것 같아요. 왜 냐면 그 재산 가치를 볼 때 거기서 돈을 가져다 쓸 수가 없거든요. 그러니깐 편법을 동원하는 거죠. 건축에 대한 편법, 이중장부, 또 친인척들을 전부 투입하고. 그런데 교회가 그럴 순 없죠. - C교회 목사 -

개교할 때 정말 수준 있고 뭐든지 다 잘할 수 있는 역량 있는 아이들이 여기 왔다 고 해요. 그런데 1년도 못 있고 거의 다 나갔어요. 그 이유가 와서 하는 거 보니까 '교육 시스템도 없고 너무나 결과 얻어지는 게 없다.'는 거예요. 이것 때문에 처음에 부모들이 실망하고 나가버렸대요. 기독교학교이긴 하지만 그래도 우리 아이가 웬 만큼 능력도 있고 그런 애들이니까 여기서는 엘리트 교육을 시키겠지, 인재 교육을 시키겠지 하는 그런 기대를 하고 온 사람들이 많았나봐요. 저희는 '네가 하는 그 모 습을 보고 다른 사람들이 그렇게 되고 싶다는 생각한다면 너는 이미 리더다.'라고 가르치고 있죠. 우리가 추구하는 리더는 그런 리더이지, 소위 말하는 엘리트 리더 는 아니에요. 그것은 여기 학교와는 맞지 않죠. - C학교 교장 -

학교를 설립한 교회가 해야 할 가장 중요한 역할 중의 하나는 학교의 교육 목표를 명확하게 정립해 주고 일관된 교육 요구를 학교에 전달하는 것이다. 드 러나 있는 학교의 목표와 여러 숨겨진 목표들이 서로 상충되는 경우가 발생하 지 않도록 해야 하는 것이다. 특히 문제가 되는 것은 통속적 교육관과 기독교적 교육관 사이의 충돌이다. 학교를 둘러싼 많은 이들이 서로 다른 목적을 가지고 있을 때, 그 목적들의 충돌은 학교를 혼란스럽게 한다. 교회는 학교를 향한 교회 의 요구를 잘 일치시켜 그 학교의 설립 목적이 흔들리지 않도록 지켜나가야 한 다. 특히 이러한 교회의 목소리가 담임목사의 교체 등 해당 관계자의 변화에 크 게 좌우되지 않도록 하는 것도 중요한 과제라고 할 수 있다.

목사님 철학에 의해서 만든 학교들이잖아요. 교회 철학이 아니라 목사님 철학이잖아요. 그러니까 그 교역자가 바뀌면 철학도 힘들게 되고, 새로 오신 교역자가 어떤 마인드를 가지고 계승하느냐, 언제 어떤 주관을 가지고 목회를 하시냐에 따라 또 달라지는 것 같아요. 저희 목사님도 은퇴 이후의 그런 부분에 대한 우려가 있으신 것 같아요. 목사님이 이 교회를 개척하셨고, 개척하시면서 부흥을 시켰기 때문에 교역자나 당회원들이 목사님의 선택에 대해서 토를 안 단다는 거죠. 사실 전혀 없지는 않아요. 그렇지만 항상 마지막 결론은 담임목사님의 방향에 따라 주시는 거죠. - C학교 교목 -

2. 교회와 학교 간 관계의 이상과 현실

1) 법인, 정관, 이사회의 역할

안정적인 학교 운영을 위해서는 법인이 필요하고, 법인의 조직과 업무활동에 관한 근본규칙을 담은 정관과 그 정관에 담긴 학교 철학을 유지할 이사회가 필요하다. 그러나 교회가 미인가 대안학교를 설립 운영하는 경우에는 법인은 물론이고, 이사회도 없이 교회의 당회가 직접 학교를 운영하는 것이 보통이다. 이사회를 둔다고 해도 사실상 그 역할은 형식적인 경우가 많다. 설립자 목사님과 학교를 지지하는 당회원들이 많은 학교의 경우에도 초기에는 괜찮지만 문제는 그 이후다. 인가된 학교의 경우에는 그나마 학교법인과 이사회가 갖추어져 있다. 그러나 이 경우에도 대부분의 법인 사무국은 그 실체가 없고 그냥 학교 행정실장이 겸직하고 있는 경우가 많다.

이사회는 사실 이름만 있습니다. 구성원은 당회원들도 있고, 특별하게 관련된 분도 있습니다. 행정적으로 처리되는 보고서만 올라가고, 나머지 학교 돌아가는 것들은 다 자유롭게 하고 있어요. 교육과정, 교사 채용까지…. - C학교 교목 -

현재 이사회의 주된 역할은 교직원 임용이다. 학교의 철학을 유지하는 데 있어서 가장 중요한 것이 '인사'라는 반증이기도 하다. 인가학교는 교장뿐 아니라 교사까지 임용에 관여하고, 미인가 대안학교는 교장 이외의 임용은 교장에게 전적으로 맡기는 경우가 많다. 특히 인가학교의 경우에는 그렇게 해서 교사가 된 이들이 대체로 안정적으로 정년을 보장받기 때문에 교사의 임용에까지 깊은 관심을 가질 수밖에 없다. 이사회에 따라서는 학교나 교장이 정한 후보들의 순위를 따라 그냥 1순위로 올라온 후보를 승인만 하는 경우가 있고, 순위 없이 추천된 후보들 중에서 이사회가 실질적인 심사를 하는 경우가 있다.

> 교직원을 채용하는 경우, 이사회가 결정하죠. 과거에는 교사를 거의 3배수 해가지고 순위를 1, 2, 3순위 해서 올리면 거의 교장의 의견을 많이 들어줬던 것 같아요. 지금은 공모해서, 시험보고, 실기수업하고, 면접하고 그래서 3배수를 줄여가지고 이사회에 올리면 이사회에서 인사분과 이사가 6명 정도 돼요. 그 6명이 모여 가지고 최종 면접을 해서 결정해요. - A학교 실장 -

교회의 변화로 인한 학교의 영향을 줄이고, 학교의 철학과 정신을 유지하기 위한 장치로써 이사회의 역할은 중요하다. 그러나 과연 이사들이 학교의 철학과 정신을 얼마나 알고 있으며, 그것을 지켜낼 힘과 의지가 있는지는 의문스러울 때가 있다. 이사들의 기독교교육에 대한 전문성 부재는 학교의 방향을 오히려 부적합한 방향으로 이끌 수 있다. 그런 차원에서 기독교학교 이사들을 위한 전문교육도 필요하다고 할 수 있다.

2) 학교 철학을 구현할 리더십(교장) 채용

교회가 해야 할 가장 중요한 역할은 교회가 추구하는 학교 철학을 구현할 교장을 채용하는 일이다. 교회가 직접 학교의 모든 부분을 관여하기는 어렵고 또 전문성도 없기 때문에, 교회가 생각한 학교의 방향을 구체화시킬 전문가 대리인이 필요한 것이다. 그런데 선행연구에서 살펴본 것처럼 많은 기독교대안학교들은 이 부분에서 적절한 사람을 찾지 못해 실패하는 경우가 많았다. 왜냐하면 기독교학교의 리더십은 '기독교성'과 '학교성'에서 고르게 리더십을 가진 사람이어야 하기 때문이다. '기독교교육'을 너무 모르는 사람을 채용하거나 '학교'를 너무 모르는 사람을 채용한 경우, 그리고 학교의 설립 준비 과정에서 학교의 그림을 그렸던 사람이 교장이 아닌 다른 역할로 학교 안에 함께 있을 때 교장과의 리더십 충돌이 일어날 수 있는 것이다.

교회의 가장 중요한 역할은 학교가 기독교 정신과 기독교 가치를 잘 지켜나가도록 하는 것이죠. 그러나 저는 이사장이기 때문에 계속 선생님들을 직접 만나서 하지는 못하니까 학교를 운영하는 것은 같은 가치관을 가진 교장선생님께 맡깁니다. 교회와 이사회는 그분들을 뽑고, 그들을 어떻게 동기부여를 할 것인가만 신경 쓰면 됩니다. - A교회 목사 -

학교를 하면서 제일 어려웠던 것은 리더십 문제예요. 리더십의 문제가 세 번이나 발생했어요. 교장감 찾는 게 제일 문제입니다. 그러니까 우리 안에서 교장 후보들을 만드는 그런 정규과정 같은 게 있어서 기독교적인 가치관을 가진 교장 후보를 배출해 냈으면 좋겠습니다. 저 같은 경우는 제가 또 구체적인 교육에 대한 걸 모르고, 철학이 구체적이지 않기 때문에 저는 교장만 임명하고 교사 선발이나 교육과정 아무것도 간섭을 안 해요. 그런데 어떤 교육 철학이 확고한 목사님은 시간적으로 자기가 할 수는 없고, 교장이 하는 건 못마땅하고, 그래서 충돌이 많이 일어난다고 해요. - C교회 목사 -

목사님이 직접 교장 대행을 하시며 개교를 했어요. 목사님이 마침 또 외국에서 교육학을 공부하시고 돌아오는 시점이어서 학교 설립 초기에 목사님께서 저희에게 기독교교육을 왜 해야 하는지, 어떻게 아이들에게 기독교 세계관을 가지고 가르칠 수 있는지를 가르쳐주시는 부분에 굉장히 많은 시간을 할애하셨어요. 그러다가 교육청에서 대행이 아니라 실제 교장을 세우라고 해서 장로님이신 교장선생님을 한 분 모셨어요. 그분은 공립학교에서 교장으로 오래 계셨기 때문에 맡으셔서도 심적으로 힘들어 하시기도 했고, 건강도 안 좋아지시고 하면서 1년 하시고는 퇴임을 하셨어요. 그리고 제가 최연소로 교장이 되었죠. 저는 처음부터 목사님과 같이 시작을 했던 사람이니까, 목사님이 바라시는 방향과 스타일을 잘 알았죠. - B학교 교장 -

교회는 적합한 교장을 임명하고, 그가 자신 있게 자신의 교육 철학을 구현해 갈 수 있도록 전적으로 힘을 실어 주어야 한다. 교장을 임명하고도 사실상 모든 일을 교회의 승인을 얻어서 하도록 한다면 교장이 실질적인 역할을 할 수 없는 구조가 될 수도 있다. 사립학교법 제53조는 교장의 임기를 4년으로 보장하고 있으며, 중임까지 할 수 있고, 혹 임기 중에 해임을 하고자 한다면 이사회의 2/3의 동의를 얻어야만 교체할 수 있다. 인가된 학교는 물론이고, 미인가학교들에서도 이러한 법적 근거를 반영하여, 교장의 지위를 보장할 필요가 있다.

설립 목표를 분명하게 세우고, 공유하고, 그것을 이룰 수 있는 교장을 데려와서 세워야죠. 이상적인 학교를 위해서는 "교회"가 세운 학교가 아니라, 교회가 세운 "학교"가 되어야 합니다. 교회가 간섭하려면 교육에 대한 아는 시스템이 구축되어 있다거나 교육 자체를 연구하는 구조가 되어 있다면, 교육과정에 대한 관여가 있을 수도 있겠는데요. 그것이 아니라면 교육에 대해서 아시고 신앙 안에서 교육할 분, 정말 제대로 된 교장을 찾아서 맡겨야 하죠. 섣불리 잘 모르면서 교회가 관여하면 갈등만 생길 거예요. 일단 학교에 맡겨 주고 믿어 주는 게 필요하다고 봐요. 우리 목사님은 요구가 없으시대요. 알아서 하시오 그러세요. 그건 교장으로서는 굉장히 힘이 나는 거예요. - C학교 교장 -

3) 교회와 학교의 소통 채널 : 교목, 행정실장

교회가 교장만큼 많은 신경을 쓰는 인사가 있다면 교목과 행정실장의 인사일 것이다. 두 사람은 교회와 학교를 연결하고 두 기관 사이의 입장을 조율하는 채널 역할을 한다. 특히 교목은 학교의 영적 지도자로서 기독교교육이라는 기독교학교의 중요한 교육과정 영역을 좌우하는 역할을 맡는다. 행정실장은 재정을 다루기 때문에 '돈 보기를 돌같이' 하고, 원칙에 따라 공평하게 일을 처리할 수 있는 사람이어야 한다. 이러한 두 사람의 위치는 한편으로는 교장을 지원하는 역할이기도 하면서, 다른 한편으로는 교장을 견제하는 역할이 되기도 한다. 그러므로 자칫 이러한 세 사람의 리더십이 충돌할 수도 있기 때문에, 교회의 입장에서는 그 역할 설정을 잘 해주는 것이 필요하다.

결국 사람이 일을 하는 것이기 때문에 관심을 많이 쓰는 것은 세 사람을 뽑는 일입니다. 교장, 교목, 행정실장. 세 사람은 늘 가장 적절한 사람을 세우려고 애를 씁니다. 특히 행정실장은 직접 살림하는 사람이기 때문에 가장 투명한 사람을 세워야지 아무나 세워서 하면 안 되죠. 항상 문제가 행정실장 쪽에서 나는 거니까. 각종 비리들 교장 혼자서는 못하거든요. - A교회 목사 -

교장과 교목과 행정실장이 있는데, 예전엔 따로 독대를 했더니 서로 견제를 해요. 그래서 지금은 같이 들어오라고 하거나 교장이 두 사람 의견까지 받아서 혼자 들어오게 해요. 리더십을 하나로 세워 주는 것이 좋아요. - C교회 목사 -

교회는 학교 교목을 통해서 주로 의사소통을 하고 있어요. 교목들이 다 교회 교역자들이시기도 하거든요. 그래서 주중에는 학교 사역을 하시고, 주말에는 교회 사역들을 하셔서 그분들이 교회에 대한 이야기를 전달해 주시기도 하고, 학교에 대한 이야기를 전달해 주시기도 하구요. - B학교 교장 -

소통의 역할이 교육과정 영역에서 필요한 경우도 있다. 교회와 학교가 아주 밀접하여 학교 학생들 대부분이 교회의 아이들인 경우에는 교육과정의 조율이 쟁점이 될 수 있다. 학교의 기독교적 교육과정과 교회의 교육과정이 겹칠 수 있기 때문이다. B학교의 경우에는 학생의 70% 정도가 B교회의 교인이고, 그로 인해 학생들이 교회학교에서 받는 교육을 시시해 하는 등의 문제가 발생했었다고 한다. 이는 다른 교회 설립 학교에서도 제기되었던 문제 중의 하나이다. 그러므로 교목은 이러한 교육과정 문제에서도 교통정리자의 역할을 해야 한다.[5]

> 저는 해보니까 가장 중요한 것은 연계성인 것 같아요. 초창기 사역 때 어떤 현상들이 있었냐면, 예를 들어 주중에 추수감사절 예배를 학교가 드려요. 그러면 우리 아이들은 주일에 교회에서 추수감사예배를 또 드려요. 반복적인 교육의 효과를 누릴 수도 있겠지만 애들이 교회에서 '우리 학교에서 다 했어요. 이거 알아요.' 이런 식으로 말하면서 기대감이 떨어진다거나 그런 일들이 있었어요. 그래서 예를 들어 부활절 같은 경우는 학교에서는 고난주간을 더 강하게 강조하고, 부활은 주일날 배우도록 하는 식으로 역할 분담을 해야 해요. 또 학교에서는 성경을 가르칠 때에도 좀더 체계적으로 아카데믹하게 할 수 있지 않을까 생각하는 거죠. 주일학교는 좀더 소수로 되어 있고 짧은 시간에 하는 거니까 선생님과 친구들과 나눔을 많이 하는 쪽으로 가면 좋을 것 같아요. 파이를 잘 나누어 놔야 중복됨이 없어집니다. 교회와 학교의 관계에서 가장 중요한 것이 무엇이냐면 저는 교통정리라고 생각합니다. - B학교 교목 -

---

5) B교회·학교 사례에서는 교목을 뽑을 때도 한 명이 아니라 유치 담당, 1-2학년 담당, 3-4학년 담당, 5-6학년 담당, 중학교 담당, 총괄 담당 등으로 뽑아 화-금 주중 사역은 학교에서, 금-일 주말 사역은 교회에서 하도록 해서, 사역자가 교회학교와 학교 사역을 동시에 맡게 하는 방식을 취해서 효과를 보았다.

4) 교육과정을 구현할 교사 채용

교회의 교육 철학에 적합한 교장, 교목, 행정실장을 임명했더라도 그 철학에 입각한 교육과정을 실제로 수업을 통해 구현하는 것은 또 다른 문제다. 그것은 교사들의 몫이기 때문이다. 그러므로 기독교교육을 구현할 교사들을 선발하고 교육하는 문제는 교회가 신경 써야 할 매우 중요한 영역이다. 어떤 기준을 가지고 교사를 채용할 것인지 생각해 보고, 정말 중요한 기준은 타협하지 않도록 해야 한다. 그리고 이러한 교사들을 양성하고 계속교육을 할 수 있는 관련 기구를 학교 안팎에 두는 것이 필요하다.

교육청에서는 인사 채용할 때 종교 조항을 넣지 말라 이렇게 얘기를 하지만 그것을 지켜야 기독교학교의 적절성이 있는데 그렇게 해야죠. 저희는 항상 표시를 합니다. 기독교인인가? 표시하게 합니다. 식당에서 일하는 분까지도 모두 기독교인을 뽑습니다. 선발에서도 신앙을 우선적으로 봅니다. 실력은 와서 열심히 하면 다 채워지는 겁니다. 와서 시간이 지나면 다 똑같아지죠. - A학교 교장 -

여기 선생님들은 정말 기독교적인 사명을 가지고 교육합니다. 최근에 한 미션스쿨의 선생님을 만났는데, 그분이 퇴임하시고 여기를 오고 싶어 해요. 그 선생님 말이 정말 선생님들이 기독교적인 사명을 가지고 해야 하는데 미션스쿨은 그게 너무 아쉽다는 거예요. 여기 있는 선생님들은 안 그러시기 때문에 그런 부문들이 너무 부러우신 겁니다. - C학교 교장 -

교사들 수급의 문제는 항상 고민이에요. 제일 문제는 기독교교육을 하고 싶다고 해서 물어보면 아는 게 없으세요. 그러니까 마음만 있을 뿐 아무 생각 없이 오신 분들이 많아요. 그런 기독교교육을 할 수 있는 교사를 만드는 절차, 교육받을 수 있는 교육과정들이 있다면 보내고 싶어요. 기독교학교교육연구소 같은 곳에서 코스를 정해서 해주시고, 어느 정도 인정된 교사로 훈련할 수 있다면 참 좋겠어요. 뽑은 다음에는 학교 업무 하기도 바쁜데, 기본 베이직을 가르치려다 보니까 이분들도 너무 피곤하고, 힘든 거예요. - C학교 교목 -

5) 적절한 평가 시스템

교회의 교육 철학에 적합한 교장, 교목, 행정실장, 교사를 임명하고, 그들에게 자율성을 주는 방식을 택할 때 여전히 그에 따르는 책임을 어떤 방식으로 확인하고, 적절한 동기 부여를 할 수 있는지의 문제가 과제로 남는다. 미인가학교들의 교사 지위는 워낙 불안정하기 때문에 오히려 보호될 필요가 있지만, 인가된 학교의 교사들이 누리는 지위는 매우 안정적이기 때문에 대부분의 사립학교들에서 발견되는 정체된 분위기를 해소할 방법이 필요하다.

사립학교의 경우 선생님이 들어오면 20-30년씩 그냥 그대로 계시니까 가족적인 분위기는 좋은데, 좀 침체되어 있죠. 좀더 열정을 가지길 원하는 게 이사장의 마음입니다. 학교라는 것이 선생님들의 직업안정성이 탄탄하다 보니까 그게 타성에 빠지게 만들죠. 선생님 자신들의 발전을 위해서도 뭔가 평가하는 시스템이 갖추어져야 하는데 우리나라 학교가 그런 평가 시스템을 갖고 있지 않아요. 그런 게 있어야 자기들도 은퇴할 때까지 늘 새로운 마음으로 일할 수 있지, 그런 시스템이 없으면 다 매너리즘에 빠지게 되어 있어요. 이것은 개개인의 사람이 문제가 아니고 시스템의 문제인 거죠. 평가를 받는 사람이나 평가를 하는 사람이나 다 공감할 수 있는 시스템을 갖춰서 발전하도록 만들어야죠. 교회는 이사진을 구성하고, 이사진이 학교를 관장하죠. 관장이라는 말이 적절한지 모르겠지만 감독도 하고 지원도 하고 그런 역할을 하죠. 그런데 이사회는 운영진, 그러니까 교장, 교감 같은 운영진을 평가하는 것이지 모든 선생님을 일일이 다 평가하는 것은 아니거든요. 선생님들은 교장, 교감 같은 운영진도 평가하고 동료교사들끼리도 평가하고 해서 (벌을 주고 쫓아내겠다는 것이 목적이 아닌) 발전을 위한 평가가 필요합니다. 아예 그냥 의도적으로 발전을 거부하고 말썽을 부리는 사람은 할 수 없죠. 그 사람은 안 되는데 그러나 일반적인 경우에는 다 발전할 수 있는 평가 시스템이 갖춰져서 다 같이 발전하면 좋겠다는 생각을 가지고 있습니다. - A교회 목사 -

자르기도 하세요. 학부모님들의 항의가 많으면요. 1년에 한 명 정도? 큰 문제가 있으면 그렇게 합니다. 저희는 1년 계약이기 때문에 교장선생님이 직접 관리를 하세요. 들어올 때는 저도 같이 인터뷰했지만 나갈 때는 관여 안 해요. 입장이 입장인지라. 위로를 해줘야지. 교회에서는 신앙적인 문제가 생기면 무조건 잘라라. 나머지 부분은 다 괜찮은데 신앙에 대한 부분은 철저하세요. 이단 시비가 생기면 단호하게 자르라고 하세요. 누구도 예외 없고 신앙적인 문제가 생기면 철저하게 해요. - C학교 교목 -

이것은 교육행정학, 특히 장학론에서 매우 중요하게 다루는 논의 주제 중의 하나이다. 장학에는 두 가지 기능이 있는데, 하나는 감독의 기능이고, 하나는 조력의 기능이다. 장학자는 장학활동을 통해 교사의 전문성 개발을 돕는 동시에 문제가 있는 교사들을 감독하고 징계하는 역할을 해야 한다. 그러나 현재 한국 공교육 시스템에서는 교사 평가 제도가 있긴 하지만 이러한 장학활동에 의해 교사가 퇴출되는 일은 거의 없으며, 장학도 매우 형식적으로 이루어지는 경향이 있다. 그러므로 교사의 전문성을 도우면서도 문제교사를 걸러낼 수 있는 시스템이 필요하다.

6) 교회의 지원

교회가 학교를 설립했을 때 교회가 학교에 투입하는 핵심 요소는 인사와 재정이다. 교회의 학교 설립 철학을 구현하기 위해서는 그에 합당한 인사와 함께 재정 투입이 필수적이다. 학교 건물을 새롭게 증축하거나 하는 학교 발전을

위한 투자도 필요하지만, 무엇보다 학교의 정체성을 지키기 위한 재정 투자가
필요하다.

수치는 정확치 않지만 예를 들어 한 30억 들어서 건물을 세워야겠다고 하면 교회
가 한 20억에서 25억 사이에 내고 교육청에서 5-6억 보태 주고, 그렇게 해서 짓습니
다. 요즘은 다 그렇게 대응 투자로 건물을 짓거든요. 대부분의 학교는 교육청에서
거의 다 내주고 짓고 그러니까 항상 교육청에서 큰소리치는데 우리는 우리가 많이
내니까, 우리가 거의 대부분 내고 교육청에서 생색 내는 정도만 하니까 교육청에서
는 뭐 큰 소리는 못 치죠. 재정은 아마 사립학교들 중에서 우리같이 재정 많이 주
는 학교도 없을 거예요. reasonable한(합리적인) 안을 내놓으면 교회에서는 다 지
원해요. - A교회 목사 -

저희는 교회의 철학(믿음 있는 분들의 자녀를 양육하는 교육 목표)이 있어서 입학
에 대한 부분들을 가져오기 위해서 국가 지원을 받지 않아요. 우리가 원하는 그런
교육을 하기 위해서요. 그래서 교회 돈이 많이 들어가지만 많은 성도님들은 교회
의 무소유의 정신과 교회가 건물에 투자하지 않고 남는 돈을 가지고 교육에 투자
를 하는 것에 대한 공감대가 높으세요. - B학교 실장 -

또 다른 지원 방법으로는 직·간접적인 교육 프로그램 지원과 학교에 가해
지는 각종 압력을 막아 주는 역할 등이 있을 수 있다. 교회가 가진 좋은 프로
그램을 학교에 공유할 수도 있고, 각종 시설이나 기자재를 공유할 수도 있으며,
재정적으로나 인력적으로 교목실을 지원하고, 교사들을 위한 좋은 연수 프로
그램을 제공하는 등의 지원을 할 수 있다. 교회로부터 오는 다른 압력이나 국가
로부터 오는 압력으로부터 학교를 보호하는 역할을 감당하는 것도 지원의 한
영역이 될 수 있다.

지금 우리나라의 교육 현실에서는 기독교사립학교가 정통성과 자율성을 발휘할 수 있는 그런 조건이 참 어렵습니다. 교육과정도 맘대로 편성 못하고, 그 자체로 제약을 받고, 학생들 가르치는 교과목에서도 제약을 받고 있는 입장에서, 그것을 넘어서서 할 수 있는 재정적인 지원을 해주면 건학 이념을 실현할 수 있는 힘이 되지요. 필요한 교사를 뽑고, 학교 행사에도 지원을 해준다면 좋겠습니다. - A학교 교장 -

과거에는 직접 선교를 했다면, 앞으로의 선교는 아이들을 직접 만났던 것을 지양하고, 교목실과 선생님들을 통해서 선교할 수 있는 간접 선교를 지향하는 게 좋겠다고 생각했습니다. 선생님들을 만날 때마다 정말 공부 잘하는 학생들만 위하는 그런 학교가 아닌 기독교의 정신으로 힘들고 어려운 아이들을 사랑으로 보살피면, 굳이 교회 다니라고 얘기를 하지 않더라도 아이들이 감동을 받고 기독교에 대해 좋게 생각하게 될 것이라고 말씀드립니다. 선생님들의 기독 교사로서의 정체성, 그리고 열정이 사라지지 않도록 지원하는 게 우리들의 역할이겠다고 생각하고 있습니다. 그래서 내년에 이분들의 가슴을 뜨겁게 해줄 수 있는 연수를 생각하고 있습니다. 그리고 선생님들을 외국의 굉장히 기독교 정신이 살아 있는 기독교학교로 해외 연수를 보내드려서 타성에 젖어버렸던 것들을 좀 새롭게 환기시켜드리는 것도 얘기하고 있습니다. 또 교목실이 사실상 재정적으로, 인력적으로 부족한 부분들이 너무 많기 때문에 교회의 많은 인프라와 재정이 교목실의 사역을 돕는 쪽으로 가야겠다고 생각을 했습니다. 아이들에게 교회라는 이미지를 쇄신하고, 교회가 지루한 데가 아니라는 것으로 느낄 수 있도록, 채플을 지원하고 교목실을 지원하는 게 중요한 목표입니다. - A교회 부목 -

오늘날 기독교학교가 굉장히 어렵습니다. 다 아시겠지만 교육청에서 자기들이 더 잘하는 것도 아니면서 끊임없이 간섭을 해가지고 힘들게 합니다. 저는 이사장으로써 외풍을 막아 주는 것이 저의 할 일이라고 생각해요. 나는 교육감을 만난다고 겁먹거나 기죽을 일도 없으니까 하고 싶은 얘기를 하죠. 교장이나 교감이나 운영진한테는 어려운건 이사장한테 넘겨라 그럽니다. 예를 들어서 채플을 하고 성경을 가르치는데 교육청이 계속 문제를 제기하면 그런 것(채플, 성경교육) 안 하면 우리는 이사장한테 혼난다, 우린 교단에 속한 학교이고, 교회에 속한 학교인데 안 하면 안 된다라고 말하라고 하죠. 나한테 오면 내가 얼마든지 바람 막아 주고 그런 역할을 하겠다고 합니다. 뿐만 아니라 기독교학교가 종교교육을 좀더 자유롭게 할 수 있도록 법적으로 그게 정말 가능한지 전문가들을 통해 검증하고 있습니다. 정말 공교육에서는 그렇게 할 수 없다면 학교를 할 필요가 없다고 생각합니다. 신앙교육을 학교에서 자유롭게 할 수 있는 판을 만드는 것이 저희 교회의 몫이라고 생각합니다. - A교회 목사 -

7) 교회와 학교의 갈등

교회와 학교의 갈등상황은 의외로 주로 공간 사용 문제에서 가장 크게 발생하는 것으로 보인다. 교회와 학교가 한 건물을 같이 쓰는 경우, 아무래도 서로 불편할 수밖에 없는 것이 현실이다. 이때 양쪽 구성원이 교회와 학교를 분리해서 생각하면 재정이나 시설 사용 부분에서 각자의 이익을 먼저 생각하게 되고, 서로 이해하려는 관점보다는 자신의 이익을 지키는 쪽으로 생각을 하게 되어 문제가 발생한다. 이를 극복하기 위해서는 교회는 교회, 학교는 학교라는 생각을 버리고, 둘은 하나라고 생각해야 한다. 교회와 학교가 이 문제로 정기적인 교류를 갖는 것이 중요하며, 양쪽에 모두 속해 있어서 조율할 수 있는 사람이 있으면 더 도움이 된다.

오히려 신앙적인 것보다는 물질적, 공간적인 어려움이 많아요. 그러니까 주일날 교회에서 사용을 하고 월요일에 이제 수업을 해야 하는데, 정리가 안 되어 있는 것 같은, 이렇게 공간을 같이 쓰는 데에서 생기는 문제가 가장 큰 문제에요. 만약에 교회가 학교를 세우거나 학교 안에 교회가 생겼을 때, 완충작용을 할 수 있는 역할이 필요한데, 학교와 교회의 갈등을 해소하는 최상의 시스템은 교목 시스템이라고 생각했어요. 교회 내에서는 교역자를 하고 있고, 학교에서는 교목실 담당을 하고 있으니, 제가 학교 선생님들에게도 말할 수 있는 권한과 교회에도 말할 수 있는 권한

이 있으니, 유기적인 역할을 잘할 수 있는 것이죠. '아, 선생님 힘드셨군요. 제가 주일학교 선생님에게 어떻게 된 것인지 알아봐서 다음에는 이런 일 없도록 조치를 할게요.' 하면 해답까지 줘버린 것이죠. - B학교 교목 -

교회와 학교가 같이 쓰다 보니 365일 사용을 해요. 사용 주체가 두 곳이다 보니 기물 파손, 분실, 마모도 많이 일어나고 책임소재가 불분명해져요. 관리적인 책임이 모호하게 나타날 때가 있고요. 그리고 건물을 사용할 때 교회와 학교가 같이 예약을 해서 쓰니까 그게 동시에 일정이 겹쳐서 잡히기도 하죠. 그런 어려운 부분들이 있습니다. 서로 간에 많이 양보하고 연합해야 합니다. 서로 도와주지 않으면 섭섭하기도 하고 불협화음이 반드시 일어나거든요. 그래서 지속적인 교류가 있어야 해요. 서로의 일정들을 지속적으로 담당자들한테 알려 주는 것이죠. 저희는 서로 조율하는 인터넷 사이트가 있는데, 장소 사용, 시설 사용, 버스 사용 등을 올려서 확인하고 조율을 하죠. 이렇게 하지만 안 맞을 때도 있죠. 조율이 안 되면 올라가서 만납니다. 한 건물에 있다 보니 빨리 대처할 수 있다는 장점이 있습니다. 그 다음은 관리책임을 명확하게 가져가야 해요. 월~금요일은 저희 학교 담당자가 책임을 지고, 금요일~주일은 교회 사무장님이 그 일을 담당을 하고요. - B학교 실장 -

교회 안에 학교의 중요성에 대한 인식이 부족할 때 이것이 또 하나의 갈등요소가 된다. 교회 안에는 항상 학교에 대한 부정적인 인식을 가진 이들이 존재하기 마련이다. 그러므로 담임목회자는 여러 기회를 통해 성도님들이 학교에 대한 좋은 인식을 가질 수 있도록 도와야 하고, 학교는 교회의 구성원들이 학교에 대한 좋은 이미지를 갖도록 노력해야 한다.

목사님의 사역적인 카리스마라고 할까요? 본인이 하시려는 것에 대해 굉장히 투명하고 뚜렷하게 그것을 우리 교인들에게 전달하셨어요. 단지 학교를 돕는다로 끝내지 않으시고 아이들을 불러서 교인들에게 아이들이 변화하는 모습들, 진행과정과 열매를 보여 주시고, 지속적으로 학교의 성과들과 교인들 사이의 다리 역할을 해 주셨던 것 같아요. - B학교 교장 -

교회에서는 학교가 교회 부설기관이라는 개념이 있기 때문에 교회의 여러 가지 행사 등에 학교가 많이 동참해줬으면 좋겠다고 생각해요. 그걸 원하시는 게 당연한데 그렇게 하다보면 학교는 학교성을 잃어버릴 수 있으니까 저는 그것은 요구하지 않으시면 좋을 것 같아요. 대신 저는 제가 할 수 있는 선에서 조그맣게 교회 일들을 학교에 살짝 끌어들여서 하고 있어요. 저희 학교 아이들이 우리 교회 선교사님들께 편지와 선물을 보내는 거예요. 그리고 올해는 한 나라씩 품으라고 교육을 했죠. 교회에서 연계를 해라 이런 건 아닌데 저희가 알아서 하니까 좋았어요. 선교사님께 보내는 거니까 아이들이 너무나 기쁘고 즐겁게 했어요. 강제적으로 한 게 아니니까 교사들 입에서도 좋다는 이야기가 나와요. 자연스럽게 교인들 입에서 나오는 인정받는 게 제일 좋아요. 성도들한테 우호적인 생각을 갖도록 도와드려서 '학교가 교회랑 같이 있으니까 참 좋더라.' 표현할 수 있도록 해주는 게 저는 가장 이상적인 목표라고 생각해요. 그중의 핵심은 저희 학교의 결과물들을 가지고 입소문이 나는 것이 최고예요. 요즘 저희 학교가 오히려 주변 타교회에서는 인식이 좋아요. 엄마들이 좋은 학교 이야기하는 데에 저희 학교가 늘 오르내려요. 교사들이 열심히 하고 학교가 좋다고요. - C학교 교목 -

학교에 대한 좋은 이미지를 유지하기 위해 중요한 것 중의 하나는 학교 운영의 투명성이다. 학교를 통해 사적인 욕심을 채우는 사람이 없고 특혜가 없어야 한다는 것이 학교를 운영하는 교회 리더들의 공통된 생각이다. 그러다보니 원칙대로 해야 하고, 그것이 어떤 면에서는 다시 목회에는 어려움으로 다가오는 경우도 있다.

핵심은 학교를 가장 건전하고 투명하게 운영하는 것입니다. 기독교학교에서 어떤 비리가 있어서는 안 된다는 게 제 생각입니다. 학교 선생님, 학부형, 그리고 모르는 사람이 볼 때에도 기독교학교가 가장 투명하게 운영이 된다는 것을 보여줘야지 일일이 설명하거나 변명할 필요가 없도록 만들어가야 합니다. 그러려면 사소한 오해 소지가 있는 것도 다 정리를 해버리는 게 좋습니다. 저든 누구든 학교로부터 경제적인 이득을 본다는 것은 있을 수 없습니다. - A교회 목사 -

투명성 있게 오픈을 해요. 그렇게 하시니까 교인들이 일단 믿어 주시고, 교육적인 부분에서 잘하고 계시고, 문제나 비리도 드러나는 게 없으니까 부모님들이 인정을 하시죠. 그런 부분에 대한 신뢰감이 형성된 것 같아요. - B학교 교장 -

담임목사님과는 입학 문제를 상의하기 위해 만나죠. 목사님을 만나면 원칙을 항상 강조하세요. 입학에 있어서 외압이 들어오기도 하고 그렇거든요. 여기 들어오고 싶은 분들이 많기 때문에 특례로 넣어 주길 바라기도 하고, 기부금 이야기도 나와요. 그러나 저희는 그런 것 없기로 했기 때문에 원칙을 칼같이 지켜야 합니다. "원칙에서 벗어나는 순간 분란이 발생한다."는 거예요. 그러다보니까 이 시즌이 되면 많이 싸우기도 해요. 교인 입장에서도, 설립자 입장에서도, 목회자 입장에서도 불편하실 때가 있으시죠. 어떤 교인은 붙고, 어떤 교인은 떨어지거든요. 목사님들도 스트레스를 많이 받고요. 목회적 입장에선 곤란하시죠. 제비뽑기로 하자는 말이 나올 정도예요. 그래도 10년 이상 원칙대로 하다 보니까 다들 많이 이해를 하시는 것 같아요. 물론 원칙을 지켰을 때 드러나는 문제점도 있겠지만, 지키지 않았을 때 생기는 문제랑 비교한다면 원칙을 지켜가야죠. - B학교 실장

또한 학생 선발 등에서 교회의 입장과 학교의 입장이 서로 다를 수 있다. 목회적 관점에서는 최대한 설립 교회의 교인들이 많이 갈 수 있도록 해야 한다는 입장을 가질 수 있고, 학교는 그보다는 학교의 교육 철학에 공감하고, 교육의지가 있는 부모들의 자녀를 선발해야 할 필요가 있다는 입장을 가질 수 있다. 또한 미인가학교의 경우, 학교의 인가 문제를 놓고 학교와 교회의 생각이 다를 수 있다. 아무래도 인가학교로 가려면 많은 재정이 투입되어야 하다 보니 교회 입장에서는 조심스럽고, 학교는 학교의 지위 안정과 좋은 교사들을 확보하고 아이들을 잘 교육하는 일에 인가가 필요하다고 생각하게 된다.

교회 쪽에서는 통합교육(장애우)을 하는 아이들을 많이 받아줬으면 하세요. 목회 차원에서는 더 많은 아이들이 들어왔으면 하실 수 있겠죠. 그 부분이 요즘 저희들 이랑 목사님들이랑 이야기를 주고받는 부분이에요. "한두 명만 더 좀 받을 수는 없을까요?" 하시면 저희는 "이건 숫자적인 문제가 아니고 선생님들이 감당하시는 부분들을 생각해 주셔야 합니다."라고 말하고 있죠. - B학교 교장 -

현재 인가에 관한 것은 무엇이 문제였냐면 교회가 학교 지어줬을 때 완전히 다 갚지 못한 빚을 교회가 아니라 학교가 안았단 말이죠. 학교 건물에 부채를 걸은 것이죠. 그런데 인가를 받으려고 보니까 교육청에서는 여러 가지로 학교가 잘 되어 있으니까 인가를 해주려고 하는데 그것 때문에 안 되는 거예요. 그래서 부채를 교회가 떠안으려고 하기도 했는데 장로님들이 반대하시기도 했고요. 질적으로 좋은 선생님들을 모셔오려고 해도 4대보험 등 보장이 안 되는 것이 많으니까 놓치게 되는 경우가 많아요, 교육의 질을 위해서도 인가가 필요하거든요. - C학교 교장 -

3. 면담 조사 결과 종합

교회와 학교의 관계에 대한 이상의 인터뷰를 종합하여 정리하면 〈표 2〉와 같다. 교회 차원에서는 학교의 교육 목표를 정립하여 일원화된 교육 요구를 학교에 전달할 필요가 있으며, 학교의 철학을 유지하기 위한 법인, 정관, 이사회가 필요하다. 학교 차원에서는 교회의 학교 설립 목적을 구현할 전문가 교장이 필요하며, 이를 지원할 교회와 학교의 연결고리로서의 교목과 행정실장이 교장과 건강한 관계를 형성하는 것이 필요하다. 그리고 이러한 학교의 철학은 교육 과정과 교사를 통해 구현되는 것이므로 그런 교사를 선발하고 훈련하는 과정이 필요하다.

〈표 2〉 면담 결과 종합

차원	구성		과제	문제 발생 가능성
교회 차원	담임목사, 당회 (설립자)		-학교의 교육 목표 정립 필요. 일원화된 교육 요구를 학교에 전달해야 함(통속적 교육관과 기독교적 교육관의 혼재)	-담임목사와 당회의 의견 불일치 가능성. -설립자 담임목사 교체 시 설립 목표의 변화로 학교가 받을 영향이 있을 수 있음.
	법인, 이사회 (설립 목적, 정관)		- 학교 철학을 유지하기 위해 법인, 정관, 이사회 필요. 그 자체가 없거나 유명무실한 경우가 많음.	-중간 기구가 없는 경우, 교회가 기침하면 학교가 몸살 할 가능성이 있음. -학교의 설립 철학을 공유하지 못한 이사회가 오히려 학교의 철학을 흔들 가능성이 있음.
학교 차원	교장, 교목, 행정실장 (리더십)		- 교회의 학교 설립 목적을 구현할 전문가 교장이 필요. - 교장, 교목, 행정실장 사이의 건강한 역할 설정이 필요.	-학교 설립자와 임명된 교장 사이의 리더십 충돌 가능성이 있음. -세 명의 리더 사이에서 리더십 갈등이 있을 수 있음.
	교사 (교육과정, 수업)		- 학교 설립 목적이 교육과정과 수업을 통해 구현되는 것이 필요. 그런 교사의 선발과 훈련이 필요.	-학교의 설립 목적은 분명하지만, 그것을 구현할 교사 양성 및 훈련이 되지 않을 수 있음.

VI. 나가는 말 : 교회와 학교의 바람직한 관계

1. 기본 방향

교회의 학교의 관계를 어떻게 설정해야 하는가에 대해서는 정답이 정해져 있는 것이 아니다. 교회가 학교를 설립한 본래의 목적을 견지하는 가운데 역사적, 문화적 환경과 교육의 특성을 고려하여 양자 간에 적절한 균형점을 찾아가려는 노력이 중요하다. 그러한 노력의 일환으로써 본 연구는 이론적 배경에서 밝힌 바와 같이 기본적으로 교회와 학교의 협력적 거버넌스를 강조하는 입장을 취하고 있다. 어느 한쪽의 주장과 요구를 일방적으로 우선시 하는 것은 양 당사자 모두의 손해로 귀결될 가능성이 높기 때문이다. 다시 말해 교회의 지배와 통제를 강화하는 것은 학교교육자들의 열정과 헌신을 끌어내는 데 오히려 장애가 되며, 반대로 학교의 자율성을 지나치게 강조하는 것은 자칫 학교 구성원들의 무책임으로 이어질 수도 있다는 것이다. 이제 남은 과제는 협력적 관계를 어떤 방식을 구축할 것인가 하는 것이다. 이와 관련하여 본 연구는 다음 세 가지를 기본 방향으로 설정한다.

첫째, 기독교학교의 정체성과 이념을 분명히 하고, 교회와 학교 구성원 모두가 그것을 공유해야 한다. 건학 이념은 학교마다 다를 수 있다. 선교에 목적을 두는 경우도 있고 기독교적 가치관을 함양하는 데 목적을 두는 경우도 있다. 문제는 어떤 건학 이념이든지 간에 교회와 학교의 협력적 거버넌스를 구축하기 위해서는 양자 간에 그 건학 이념에 대한 합의와 공감이 선행되어야 한다는 것이다. 이를테면, 교회는 불신 학생의 전도에 일차적 관심을 갖고서 교회 출석한 학생수를 통하여 학교의 성과를 판단하려고 하는 데 반해, 학교는 보다 장기적인 시각에서 기독교적 자아 정체성을 지닌 책임 있는 시민을 양성하는 데 관심을 갖고 있다면 양자 간의 갈등과 반목은 불가피해진다. 또 다른 예로, 교회는 하나님 나라의 비전을 갖고 역사적 책임을 수행하는 인간을 기르는 데 관심을 두는 데 비해, 학교는 명문학교 진학에 온 힘을 기울이고 있는 상황이라면 이 역시 양자 간의 협력과 상생을 기대하기 어렵다. 건학 이념 내지 교육 목표의 공유는 다소간 추상적인 면이 없지 않지만, 교회와 학교의 협력적 거버넌스 구축을 위한 토대이자 첫 출발점이 된다.

둘째, 교육의 자주성과 학교조직의 특수성을 충분히 이해하고 보장해야
한다. 기독교학교는 건학 이념으로 표현되는 기독교학교로서의 특성을 지녀야
하지만, 그와 동시에 학교의 하나라는 점에서 교육적이어야 한다. 따라서 교회
와 학교의 관계를 설정할 때에는 교육의 원리와 속성, 교직의 특수성 등을 고려
해야 한다. 무엇보다도 교육은 단순히 학생들에게 지식과 경험을 전수하는 활
동이 아니라 학생의 전인격적 성장을 돕는 과정이라는 사실에 유념할 필요가
있다. 교육의 과정은 지적, 심미적, 과학적 가치를 동시에 고려하기 때문에 어느
하나의 기준에 따라 교육의 성과를 판단하는 것은 매우 위험하다. 게다가 교육
의 성과는 단기간에 나타나지 않고 장기간에 걸쳐 서서히 드러나는 것이 일반
적이다. 요컨대, 교육은 목표와 활동, 성과 등을 파악하는 데 있어서 불확실성
내지 불감촉성을 특징으로 한다(Lortie, 1975). 교육이 지닌 이러한 속성은 불가
피하게 교사에게 고도의 자율성을 부여하도록 요구한다. 교육의 과정과 성과가
분명하지 않음에도 불구하고 교사를 일정한 기준에 따라 엄격하게 통제하려고
하면 교육의 본질이 왜곡될 수밖에 없기 때문이다. 국내외를 막론하고 교육개
혁의 역사와 사례를 살펴보면 학교와 교사를 통제하려 시도했던 정책들은 대부
분 예상하지 못한 부작용을 낳으면서 실패로 끝났다는 것을 어렵지 않게 확인
할 수 있다. 결국 기독교학교가 성공하기 위해서는 건학 이념을 구심점으로 삼
되, 교육전문가들의 자율성을 최대한 존중하는 가운데 그들이 책임을 다하도록
지원 시스템을 마련하는 것이 중요하다.

셋째, 교회와 학교의 역할 분담과 협력을 시스템화해야 한다. 교육의 특성
을 고려하여 학교의 자율권을 강화할 경우, 교회의 입장에서 가장 우려스러운
것은 학교 구성원들이 학교를 세운 본래 목적에 충실하지 않으면 어떻게 할 것

인가 하는 것이다. 교회의 이러한 우려는 정당한 것이며, 그것이 적절하게 해소되지 않는다면 학교와의 협력적 관계 구축은 속빈 강정이 될 수밖에 없다. 따라서 기본방향의 세 번째 원칙은 교회와 학교의 책임을 어떻게 제도화할 것인가 하는 문제를 다루어야 한다. 시스템 이론에 의하면, 조직은 환경과의 끊임없는 상호작용, 즉 투입-전환(과정)-산출을 통하여 조직을 유지·발전시킨다. 교회와 학교의 관계를 시스템화한다는 것은 투입, 전환, 산출의 측면에서 각자의 역할을 규정하고 그러한 역할관계들이 유기적인 흐름 속에서 성과를 낼 수 있도록 제도화한다는 것이다. 이에 대한 자세한 사항은 절을 바꾸어 설명하기로 하고, 그 방향을 제시하면 다음과 같다: 교직원 선발이나 재정 투자와 같은 투입 차원에서는 교회의 역할과 비중이 강화되어야 하는 반면, 교육 프로그램 및 학교조직의 운영과 같은 전환 차원에서는 학교의 자율성이 존중되어야 한다. 다만, 교육의 성과 측면에서는 장기적인 관점에서 불확실성을 줄여가려는 공동의 노력이 필요하다.

2. 영역별 관계 설정

메이어와 로완(Meyer & Rowan, 1983)은 조직을 운영할 때 일의 성격에 따라 어떤 방식으로 관여해야 하는지를 결정해야 한다고 주장했다. 그들에 의하면, 일의 성격은 목표의 확실성과 방법의 확실성에 따라 네 가지로 구분할 수 있다 (《표 3》 참고). 일의 목표와 그 목표를 성취하는 방법이 둘 다 확실한 경우, 목표는 확실하지만 방법이 불확실한 경우, 목표는 불확실하지만 방법이 확실한 경우, 그리고 둘 다 불확실한 경우가 그것이다. 한편, 관여 방식은 일의 성격과 관련이 있다. 일의 목표가 확실하다면 산출 차원에서의 통제가 가능하다. 그 목표가 이루어졌는지 이루어지지 않았는지를 평가하면 되기 때문이다. 일의 방법이 확실하다면 전환 차원에서의 통제가 가능하다. 그 확실한 방법을 활용하고 있는지를 확인할 수 있기 때문이다. 다만, 투입 차원의 관여는 일의 성격과 무관하게 모든 조직에서 이루어진다.

<표 3> 일의 성격과 관여 방식의 관계

	일의 성격			관여(Control)		
목표 확실성	방법 확실성	(예)		투입(Input)	전환(Process)	산출(Output)
				예) 재정, 인력	예) 장학	예) 평가
1	O	O	공장 생산라인	O	O	O
2	O	X	자동차 판매영업	O	X	O
3	X	O	의료활동	O	O	X
4	X	X	예술가, 과학자	O	X	X

위 네 가지 유형 중에서 교육은 어디에 속하는가? 교육은 성격상 그동안 제4유형에 속한다고 평가되어 왔다. 교육의 목표도 불확실하고 교육의 방법도 어느 것이 최선인지에 대한 명확한 답이 있지 않다. 교육의 불확실성 때문에 교육이라는 일의 성격은 제4유형으로 분류되었다. 그렇다면 교육은 어떤 교사를 선발하고 어느 정도의 재정을 투입할 것인지와 같은 투입 차원에서만 관여가 가능하고, 나머지 과정과 결과에 대해서는 통제할 수 없고 교사를 신뢰해야만 하는 상황에 놓여 있는 셈이다. 그러나 오늘날 교육개혁에 대한 요구가 커지면서 교육이라는 일의 성격을 제1, 2, 3 유형으로 전환할 가능성이 타진되고 있다. 무엇이 진정 교육의 성과인가에 대한 논의는 여전히 논란의 여지가 많지만, 많은 경우 교육학 연구들이 교육의 성과를 지표화하고 수치화하는 작업들을 지

속적으로 시도하고 있으며, 상황에 적합한 교육방법에 관해서도 상당한 연구 성과가 축적되고 있다.

그렇다면 기독교학교교육은 어떠한가? 목표가 무엇이라고 확실하게 말하고 측정할 수 있는가? 방법을 어떻게 해야 하는지 확실하게 말할 수 있는가? 기독교학교교육 역시 일반 교육과 마찬가지로 목표는 장기적인 결과에 의해 나타나기 때문에 측정하기 어려우며 방법은 전문화되지 못하였다. 명문학교 진학률이 아닌 기독교적인 인재를 양성하는 것이 목표라면 그것이 어떻게 학생들의 삶에 내면화되었는지를 측정하기란 쉽지 않다. 기독교학교들은 이를 위해 기독교 세계관에 입각한 교육과정 재구성을 주장하지만, 관련된 많은 연구와 연수에도 불구하고 여전히 그 방법의 전문성에 대해서 검증이 요구되고 있으며, 많은 학교들이 서로 다른 수준에서 기독교적 교육과정을 구현하고 있다. 그러나 이 역시 지속적인 연구들을 통하여 목표가 명확해지고 방법이 검증된다면 제1, 2, 3 유형으로의 이동 가능성이 남아 있다.

그렇다면 투입-전환-산출 각각의 차원에서 교회와 학교의 역할은 어떠해야 하는가? 먼저 투입 차원에서는 교회가 주도성을 가질 수밖에 없다. 교회는 학교의 설립 목적을 명확히 하고 흔들리지 않도록 노력해야 한다. 특히 리더, 수월성 등의 개념을 기독교적으로 재정의하고 공동체가 같은 생각을 갖도록 공유시킬 필요가 있다. 그리고 설립 목적에 따른 교장 및 교직원의 인사에 각별한 주의를 기울여야 한다. 교장을 임명한 후에는 그 임기까지 학교 교육 철학이나 건학 정신에 위배되지 않는 한 학교장을 신뢰하고 그가 마음껏 교육할 수 있도록 해주어야 한다. 학교가 안정기에 들어선 이후에는 기존에 세워진 교육 철학과 교육내용에 반하는 사람이 신임 교장이나 이사장이 되지 않도록 주의를 기울여야 한다(기독교학교교육연구소, 2012c). 뿐만 아니라 설립 목적을 이루는 데 필요한 재정과 교회의 각종 자원들을 학교로 지원해 주어야 한다. 이때 기독교학교교육의 방향성에 대한 연구와 기독교학교교육을 위한 전문 교원 양성과정(기독교학교 리더십 양성과정, 기독교학교 교사 양성과정)은 교회가 이러한 과제를 수행하는 데 중요한 기반이 되므로, 기독교학교교육연구소나 기독교학교 연맹체 같은 외부 지원 기관들의 관심과 노력이 요구된다.

두 번째로 전환 차원에서는 학교가 주도성을 갖는 것이 바람직하다. 설립 목적에 따라 임용된 교장과 교사들이 자신들의 전문성과 자율성을 발휘하여 그 목적을 교육과정과 수업으로 구현해 내야 한다. 이 과정에서 교내에서 가장 전문성을 가지고 있다고 판단되는 이들이 교내 장학을 통해 교사들의 교수 학습을 지원하고, 전문성을 개발할 수 있도록 도울 수 있다. 이때 비기독교권 국가로서 아직 기독교학교교육이 깊이 뿌리내리지 못한 한국적 상황에서는 기독교적 교육과정과 수업에 대한 실행이 일천하기 때문에 외부 지원 기관과 학교 현장의 협력을 통해 교육과정 개발과 교사 계속 교육을 지속해 나가면서 이 분야를 발전시킬 필요가 있다.

마지막으로 산출 차원에서는 아직 할 수 있는 일이 많지 않다. 기독교학교의 교육 성과를 무엇으로 정의해야 할지, 그리고 정의한 뒤에는 그것을 어떻게 측정할 수 있을지에 대한 답이 분명하지 않기 때문이다. 그러므로 이 분야에 대한 많은 연구가 필요하다. 만약 이러한 연구들을 통해 성과를 구체화하고 측정할 수 있게 된다면, 그것을 가지고 교회가 산출 차원에서의 주도성을 가질 수도 있을 것이다. 현재 수준에서 생각해 볼 수 있는 산출 통제로는 두 가지 정도의 가능성을 제시할 수 있다. 먼저는 다면 평가를 통한 재임용 절차를 갖는 것이다. 이는 현재 대학에서 시행되고 있는 교수 평가 방식과 유사하다. 학교 운영자, 동료 교사, 학부모, 학생들의 평가를 통해 몇 년 단위로 재임용을 하는 절차를 둠으로써 심각한 문제가 있는 교사들을 걸러내는 것이다. 또 하나의 방식은 교사의 전문성을 지속적으로 강화하고 교내에 교사들의 전문적 학습공동체를 형성하여 모두가 열심히 하는 주변의 압력 때문에 다른 교사들도 열심을 유지할 수 있게 하는 방식이다.

〈표 4〉 교회 설립 기독교학교 운영에서의 교회와 학교의 역할

차원	주도성	과제	향후과제 (외부지원 기관의 역할)
투입 차원 -정신, 인사, 재정-	교회	-학교 설립 목적 명확화 -설립 목적에 따른 교장, 교직원의 임용과 역할 분배 그리고 임기 보장 -설립 목적을 이루는 데 필요한 재정 지원, 학교에 필요한 각종 교회의 자원과 프로그램을 학교에 지원	-기독교학교교육의 방향성에 대한 연구 -기독교학교 리더십, 교사 양성 교육
전환 차원 -교육과정-	학교	-설립 목적에 따라 임용한 이들의 전문성과 자율성에 맡김 -교내 장학(교수학습 지원, 교사 전문성 개발)	-기독교학교의 교육과정 개발 -기독교학교 교사 계속 교육
산출 차원 -교육성과-	?	-다면평가를 통한 재임용 절차를 통한 통제?(교회 주도) VS 교내 전문적 학습공동체 형성으로 통제?(학교 주도)	-기독교학교의 교육성과에 대한 정의 필요 -기독교학교교육 교육성과 측정 도구 개발

덧붙여 강조하고 싶은 것은 투입, 전환, 산출의 모든 차원에서 외부의 전문적 기관과의 연계가 필요하다는 사실이다. 그러므로 교회에 의해 많은 싹들이 틔워지고 있는 한국의 기독교학교 현실에서 기독교학교교육이 더욱 찬란하게 꽃을 피우기 위해서는 교회와 학교들이 이런 지원 기관들과 협력하고, 그들을 지원할 필요가 있다.

본 연구에서 우리는 교회와 학교의 바람직한 관계에 대해 논의하였다. 교회가 설립한 기독교학교에서 현재 두 기관 사이의 관계는 어떠하며, 앞으로 어떤 방향으로 나아가야 하는가에 대해 살펴보았다. 이번 연구가 이미 설립된 교회 설립 기독교학교에서만 아니라 향후 설립될 교회 설립 기독교학교들에게도 유익한 시사점을 줄 수 있으리라 기대해 본다. 그리고 부디 교회가 설립한 기독교학교들이 교회와의 더 깊은 연합 속에서 향후 한국 사회를 이끌어 갈 좋은 기독 인재들을 많이 길러낼 수 있기를 바란다.

[참고문헌]

강영택. "기독교학교의 교육 목표와 대학 입시". 기독교학교교육연구소, 「입시에 대한 기독교적 이해」. 서울: 예영, 2008.

고용수. "21세기를 향한 기독교 학교의 전망과 한국교회의 과제". 「장신논단」 제10집, 584-609, 1994.

기독교학교교육연구소. 제1회 기독교학교 설립 세미나 자료집, 2007.

기독교학교교육연구소. 제2회 기독교학교 설립 세미나 자료집, 2008.

기독교학교교육연구소. 「기독교대안학교 가이드」. 서울: 예영, 2012a.

기독교학교교육연구소. 「기독교대안학교의 교육성과를 말한다」. 서울: 예영, 2012b.

기독교학교교육연구소. "기독교 리더들에게 듣는 학교 설립 이야기". 제2회 기독교대안학교 박람회 자료집, 2012c.

기독교학교교육연구소. "한국 기독교학교에서의 종교교육 자유의 현실과 진단". 기독교학교 정상화를 위한 1차 포럼 자료집, 2012d.

김경진. "역사적 관점에서 본 한국 기독교학교 예배의 유형. 기독교학교 예배의 방향". 기독교학교교육연구소 주최 기독교학교 예배 세미나 자료집, 2011.

김민조. "교육통치구조 개혁방안으로서의 학교단위 책임경영제와 헌장학교 분석". 「교육행정학연구」, 21(3), 1-27, 2003.

리차드 에들린. 「기독교교육의 기초」. 서울: 그리심, 2004.

박상진. 「기독교학교교육론」. 서울: 예영, 2006.

박상진. 「성경 속에 나타난 하나님의 학습법」. 서울: 두란노, 2010.

신기현. "미국학교의 행정가, 장학사, 교사의 전문직 프로젝트와 장학패러다임의 변화 양상". 「교육행정학연구」, 22(1), 249-270, 2004.

이종태. "교육의 질 관리 기제로서의 장학개념 탐색". 「한국교육」, 31(4), 93-122, 2004.

임희국. "토착교회가 설립한 기독교학교의 역할". 기독교학교교육연구소. 「평양대부흥운동과 기독교학교」. 서울: 예영, 2007.

장한기. "미국의 Supervision과 한국의 장학". 「교육행정학연구」, 14(1), 188-228, 1996.

정용덕 외. 「합리적 선택과 신제도주의」. 서울: 대영출판사, 1999.

정용덕 외. 「거버넌스, 정치 그리고 국가」. 서울: 법문사, 2003.

정웅섭. 「현대 기독교교육의 과제와 방법」. 서울: 대한기독교서회, 1991.

허병기. "장학의 본질 이탈: 개념적 혼란과 실천적 오류". 「교육학연구」, 35(3), 181-212, 1997.

Bidwell, C. E. The School as a Formal Organization. in J. G. March (ed), *Handbook of Organizations*. Chicago : Rand McNally, 1965.

Bobbitt, F. Some general principles of management applied to the problems of city school systems. S. Chester Parker (ed.), *The supervision of city schools (part I, 12th Year book)*. In National Society for the Study of Education: University of Chicago Press, 1913.

Campbell et al. *Introduction to Educational Administration (3rd ed.)*. Boston : Allyn Bacon Inc, 1968.

David, J. Synthesis of Research on School-Based Management. *Educational Leadership,* 48(8), 1989.

Hoy, W. K. & Miskel, C. G. *Educational Administration: Theory, Research, and Practice(7th ed.).* N. Y.: McGraw Hill, Inc, 2007.

Kooiman, J. *Governing as Governance.* London: Sage, 2003.

Kooiman, J. (ed.). *Modern Governance: New Government-Society Interactions.* Aldershot: Dartmouth, 1993.

Lortie, D. C. *Schoolteacher: A Sociological Study.* Chicago: University of Chicago Press, 1975.

Meyer, J. & Rowan, B. The structure of educational Organizations. In. M. W. Meyer & Associates. *Environments and organizations: Theoretical and empirical Perspectives.* San Francisco: Jossey-Bass, 1983.

Murphy, J. & Beck, L. G. *School-Based management as school reform: Taking stock.* Thousand Oak, CA: Corwin, 1995.

Sergiovanni, T. J., Burlingame, M., Coolbs, F. S. & Thurston, P. W. *Educational Governance and Administration (4th).* Boston: Allyn and Bacon, 1999.

Taylor, F. W. *The Principles of Scientific Management.* New York: Harper & Brothers, 1911.

Weick, K. E. Educational Organizations as loosely coupled system. *Administrative Science Quarterly,* 21, 1976.

부록

1. 개별학교별 교회와 연계 방식 및 상세 내용
2. 학교-교회 연계 실태 조사 설문지
3. 학교-교회 연계 의식 조사 설문지

부록 1 개별학교별 교회와 연계 방식 및 상세 내용

〈표 1〉 개별학교별 교회와 연계 방식 및 상세 내용

설립	공간	지원	학교명	교회명	교단	연계기간	상세내용
O	O	O	카라 크리스천 스쿨	기쁨의교회	합신	2009	교육관을 학교 공간으로 지원, 정기후원(재정), 교회 시설을 교육 시설로 활용, 전체 교사진이 교회 교인으로 구성
O	O	O	꿈의숲학교	서문교회	합동	2012	경제적 지원 및 교사 지원
O	O	O	두레학교	두레교회	통합	2005	
O	O	O	사랑방공동체 멋쟁이 학교	사랑방교회	통합	2002	재정 지원, 시설 지원, 교인 중 학부모를 이사로 파송, 노작시간, 지역사회봉사활동(거리 청소)
O	O	O	성산효마을 학교	인천 순복음교회	순복음	2004	교목 파송, 2년 정도 학생 무료급식, 4년 정도 장학금 지원, 효프로그램 운영, 교사 강사 지원, 시설 지원, 차량 지원
O	O	O	천안 대안학교	여의도순복음 천안교회		2002	운영비 지원, 교장과 교사 파송
O	O	O	인성여자 고등학교	인천제일교회	통합	1961	이사 파송, 교목 파송, 협력 프로그램, 재정 지원 등(교회 총예산의 7% 초중고에 지원)
X	X	O		인천노회	통합	2004	교목활동비 연 120만 원 지원
O	O	O	창원남 고등학교	창원한길교회	고신	1996	청소년 선교 교육비 지원(교회 경상비의 약 15%)
O	O	O	크리스찬 스프라웃 국제학교	한순교회	합동	2006	이사 파송, 교목 파송, 교사(건축물) 지원
O	O	O	토기장이 학교	하늘소망교회	통합	2007	교회가 주체가 되어 학교 설립, 이사 파송과 교목 파송 등을 통해 학교 운영과 교육과정 운영에 협력, 또한 학교 운영에 필요한 재정의 일부와 다양한 형태로 학교를 지원, 협력.
O	O	O	하늘스쿨	하늘문교회	예장	2011	교사 파송, 기숙사 및 학교 시설 지원
O	O	X	광성 드림학교	거룩한빛 광성교회	통합	2006	학교 건물 설립, 이사 파송, 교목 파송, 교회 프로그램 참석
O	O	X	굼나제 사랑학교	굼나제학교 교회	합동	2003	학교이기도 하고, 교회 공동체이기도 함.
O	O	X	월광드림학교	월광교회	통합	2009	장학금 지원, 교목 파송

설립	공간	지원	학교명	교회명	교단	연계기간	상세내용
O	O	X		은암선교교회	감리	2003	학교와 같이 위치해 있어 공간을 공유
X	X	O	하늘꿈학교	선한목자교회	감리	2003	이사장, 운영비, 교목 파송, 장소 제공, 교회버스 제공, 과외, 봉사, 체육활동 외 신앙교육프로그램
X	X	O		정릉제일교회	감리	2006	운영비, 시설 사용, 행사 지원
X	X	O		오륜교회	합동		식사봉사, 행사 지원, 식품 물품 지원
O	X	O	공동체비전고	서천읍교회	합동	2003	재단전입금 지원, 교목 파송, 주일 낮밤에 배 참석, 학교 주요행사에 교회 직분자 참석
O	X	O		영락교회	통합	1947	이사 파송, 운영비 지원, 협력프로그램 등
X	O	O	대광고등학교	나들목교회		2004	
X	X	O		서울동노회	통합		이사 파송, 선교비 지원
X	X	O		새문안교회	통합		교목 인력 지원(강사)
O	X	O	동명고등학교	동명교회	합동	1999	주요행사 때 교회와 연계, 교육활동의 재정적 지원, 교육 시설 확충과 보수 지원
O	X	O	보성여자중학교	영락교회	통합	재건	이사 파송
X	X	O		평북노회	통합		
O	X	O	샘물기독학교	샘물교회	고신	2006	예산 지원, 이사 파송, 교목 파송
O	X	O	자유기독학교	평택대광교회	개혁	2007	재정 지원, 교사 자원봉사자 지원, 제자훈련
O	X	O	전인기독학교	임마누엘교회	감리	2004	
O	X	O	지구촌학교	중국동포교회	장로	2011	학교의 설립 목적이 기독교 정신과 부합
O	X	O	광주 동명고등학교	광주동명교회	합동	1999	이사회 구성, 재정 지원, 기타
O	X	O	나드림국제미션스쿨	나드림교회	고신	2006	재정을 제외한 모든 것들
O	X	O	데오스중고등학교	드림교회	통합	2007	교목 파송, 절기행사
O	X	O	안산동산고등학교	안산동산교회	합동	1994	설립하여 이사 지원 및 파송하며 현재도 정기적인 회의와 이사회 재정 지원을 통해 교회의 학교로서 노력
O	X	O	영광여자중학교	서울명성교회	통합	1991	학교법인 명성학원을 설립하여 영광여자중고등학교를 운영
O	X	X	LICS	라이브교회	독립교단	2006	
O	X	X	영신여자고등학교	광성교회	통합	1987	
X	X	O		제자교회	대신	2009	성탄절예배 행사비 일부 지원
X	X	O		영복교회	합동	2010	신입생 환영예배 행사비 일부 지원
O	X	X	영흥고등학교	유달제일교회	기장	1980	
X	O	O	군산영광여자고등학교	영안교회	합동	2002	

설립	공간	지원	학교명	교회명	교단	연계 기간	상세내용
X	O	O	광성 중고등학교	높은뜻 광성교회	통합	2009	예배 및 교육공간으로 학교를 사용하고 있고, 이에 따라 약정된 사용료를 장학금과 교직원 복지 지원금으로 지불, 학교 연계 프로그램은 점심시간을 이용하여 한 달에 한 번 기독학생예배를 드림.
X	O	O	드림국제학교	드림교회	합신	2004	교목 파송(2인), 선교활동비 지원, 장학 지원, 주일학생 전도사역 등
X	X	O	드림국제학교	평화교회	합신	2005	전임교목 파송, 전도회 참여(소그룹활동-전도사역), 절기예배(교회 장소 제공)
X	X	O		상록수교회	통합	2011	교사 파송
X	O	O	성광 고등학교	성광교회	무	1966	교목 파송(2인), 선교활동비 지원, 장학 지원, 주일학생 전도사역 등
X	X	O		대구 동부교회	합동	1998	전임교목 파송, 전도회 참여(소그룹활동-전도사역), 절기예배(교회 장소 제공)
X	X	O		드림교회 남부교회 봉덕교회 남단교회 그외 다수	합동 통합	2000	합동세례식 참가 및 지원, 학원선교 활동비 지원
X	O	O	수정 글로벌 비전학교	수정교회	기성	2010	건물/시설, 재정
X	O	O	이천양정 여자중학교	양정교회	감리	1992	교목실 재정 지원
X	O	O	정신여자 고등학교	주님의교회	통합	2000	장학금 및 학교 교직원 복지, 개방형 이사, 전도사 파송, 기도어머니 프로그램
X	O	O	하남 고등학교	정윤교회	장로	2001	학교발전기금, 시설 보수 유지, 학생들을 위한 찬양집회(매월), 고3세례식 지원, 교사 연수
X	O	O	송림고등학교	분당우리교회	합동	2003	예배당 사용 및 종교교사 지원
X	O	O	숭덕여자 중고등학교	석천 제일교회	통합	2003	교역자 파송
X	O	O	배명고등학교	세대로교회	합신	2006	장학금 지원, CA 활동(기독동아리나 학습부진아 코칭)
X	O	O	숭실중학교	숭실교회	통합	1998	교목실 선교후원금 지원, 신앙상담 멘토 지원, 장학금 지원
X	O	O	이사벨 고등학교	부산 행복한교회	합동	2008	학교 강당을 예배장소로 쓰며 교회가 유지, 보수. 교회가 학교 증보자가 되며, 장학금 등을 지원
X	O	O	이화여고	정동감리교회	감리		장학금, 선교비
X	O	O	배재 중 고등학교	한영교회		2012	학교 시설을 사용하고 일정한 재정을 지원, 기숙사 학생 매일 기도 인도
X	O	X	거창고등학교	거고교회	없음	1953	

설립	공간	지원	학교명	교회명	교단	연계기간	상세내용
X	O	X	금호중학교	금호제일교회			장학금 지원, 종교와 관련하여 인성수업 진행
X	O	X	꿈꾸는 요셉학교	새목포 제일교회	예장	2007	교육관을 학교 교실로 사용(1층 식당 및 체육관 사용)
X	O	X	다운진 국제기독학교	다운교회	합동		
X	O	X	영신초등학교	영신교회	기장	1950	기관교회
X	O	X	창원남중학교	한길교회	고신		
X	O	X	한일여자 고등학교	한일교회	기장	1970	
X	O	X	효신 푸른학교	효신교회	합동	2011	
X	X	O		백향목교회	독립	2012	
X	X	O	경민 비즈니스 고등학교	경민교회	통합	1989	채플 및 절기예배 때 교회 이용
X	X	O	경상어중학교	평산교회	통합	2000	교목 파송
X	X	O	경신고등학교	덕수교회	통합	2000	재단 재정 지원
X	X	O	대구남산 고등학교	삼덕교회	통합	2003	예배 말씀 전함, 절기예배 기독동아리 후원
X	X	O	로뎀 청소년학교	공군중앙교회	장로	1994	정기적인 후원금 전달, 방문활동
X	X	O		제천제일 감리교회	감리	1994	건축 후원 및 정기적인 방문 후원
X	X	O		오미감리교회	감리	1994	예배 및 협력사업 지원
X	X	O	명지 고등학교	명지대학교 교회	초교파	2010	선교부장 CA활동, 졸업감사예배 장소 제공 및 졸업생 시상 등
X	X	O		청천감리교회	감리	2006	선교비 지원
X	X	O		웅암감리교회	감리	2010	장학금 및 선교비 지원
X	X	O	목포정명 여자고등학교	양동제일교회	통합		선교비 연 150만 원, 장학금 200만 원
X	X	O	목포혜인 여자고등학교	목포성산교회	통합	2002	소정의 장학금 지원
X	X	O			합동	2002	소정의 장학금 지원
X	X	O	문화고등학교	경주제일교회	통합	2008	성경과목시간 강사 파송, 절기예배 주관 및 간식 등 지원
X	X	O	문화중학교	경주제삼교회	통합	1969	교직원 대부분이 제삼교회에 출석하고 있으나 교회의 지원은 주로 기독학생회 활동 지원
X	X	O		경주제일교회	통합	2009	교역자 파송하여 종교과목 수업, 채플 담당
X	X	O	보성여자 고등학교	영락교회	통합	1950	이사 파송, 장학금 비원
X	X	O		평북노회	통합	1907	학원선교비 지원, 행사 시 말씀과 축도 지원

설립	공간	지원	학교명	교회명	교단	연계기간	상세내용
X	X	O	보성여자고등학교	서울서노회학원선교팀	통합	2011	세례식 때 성경 찬송 선물비 지원
X	X	O	순천매산고등학교	순천제일교회	통합	1960	교목실 재정 지원-성경교사 월급 지원
X	X	O		순천남노회	통합	1960	교목실 재정 지원-활동비
X	X	O	시냇가에 심은 나무학교	높은뜻 푸른교회	통합	2009	재정 지원
X	X	O	신라공업고등학교	양동교회	통합	1996	
X	X	O	신일고등학교	염광교회	통합	1992	행사 시 교회 시설 활용, 장학금 지급
X	X	O		강북제일교회	통합	2000	행사장소로 교회 시설 사용, 장학금 지급
X	X	O		동신교회	통합	1966	장학금 지원
X	X	O	염광고등학교	장석교회	장로	2010	교목 파송
X	X	O	영광고등학교	영주제일교회	통합	1954	교목 파송
X	X	O	제주열방대학 부설 기독학교	제주 열방대학	초교파	2011	
X	X	O	창신고등학교	마산동부교회	통합	2005	목회자 지망생 장학금, 교목실 지원금
X	X	O		서마산교회	고신	2005	기독학생 지원금
X	X	O		마산엘림교회	고신	2009	기독학생 지원금
X	X	O	협성고등학교	평강교회	통합	2004	장학금 지원 및 행사비 보조. 장소 협조
X	X	O		대구제일교회	통합		행사비 보조
X	X	X	경민고등학교	경민교회	통합	1989	협력 프로그램
X	X	X	대성고등학교	복음	복음		
			꿈의학교	서산 꿈이있는교회	독립	1998	학교 교사들이 교목 목사로 이루어진 내부 교회이며, 학교가 먼저이고 후에 파생된 교회
			사사학교	꿈과그루터기 교회	통합	2005	학교 교직원과 학생들을 주교인으로 하는 학교 내 교회
			한마음기독학교	한국기독교회		2009	학교에서 학원 선교를 위해 교회 설립
			광주 숭일중학교	6개 노회		2009	이사 파송, 교목 파송, 교목실 보조
			동산고등학교	동산교회	통합	2010	교목 파송
			두레자연고등학교	동두천 두레교회	통합	2011	
			서울예술고등학교	세검정 감리교회	감리		장학금 지원
			청주일신여자중학교	충청노회	통합		

학교-교회 연계 실태 조사 설문지 (학교용)

안녕하십니까?

기독교학교교육연구소입니다. 본 연구소는 올해의 학술대회 주제를 "학교와 교회의 바람직한 연계방안"로 정하고 연구를 수행하고 있습니다. 이 연구의 한 과정으로 '학교-교회 연계' 실태에 대한 설문조사를 실시하고자 합니다.

본 설문에 응답하여 주신 내용은 향후 '학교-교회 연계'의 발전 방향을 모색하는 데 귀중한 자료로 사용될 것이며, 설문의 결과는 연구 목적 이외에는 사용되지 않을 것을 약속드립니다. 여러분의 적극적인 협조를 부탁드립니다. 바쁘신 중에도 본 연구에 참여해 주셔서 감사드리며, 귀하의 고견을 소중히 사용하겠습니다.

2012년 9월

기독교학교교육연구소 소장 박상진 드림

◈ 문의처

- 본 조사와 관련하여 문의하실 사항이 있으시면 아래로 연락주시기를 바랍니다.

☎ 기독교학교교육연구소 김지현 연구원 (02) 6458-3456

---

1) 학교-교회 연계 실태 및 의식조사 설문지는 실제 연구에서 학교용과 교회용이 따로 제작·배포되었으나, 질문이 거의 동일하여 학교용 설문지만 수록하였습니다.

◈ 각 학교의 실태조사 설문지 담당자를 정하여서 아래의 질문에 대답해 주시기 바랍니다.

담당자	이름		직급	
	핸드폰		이메일	

◈ 다음은 〈학교의 기초사항〉에 대한 질문입니다. 빈칸에 적어 주시거나 해당하는 곳에 V 표 해주십시오.

1. 학교명은? _____

2. 귀 학교의 소재지는 어디에 해당됩니까?
_____ ① 특별시　　_____ ② 광역시　　_____ ③ 중소도시
_____ ④ 읍면지역 등

3. 귀 학교급은 어디에 해당됩니까?
_____ ① 초등학교　　_____ ② 중학교　　_____ ③ 고등학교
_____ ④ 초·중 통합　　_____ ⑤ 중·고 통합　　_____ ⑥ 초·중·고 통합

4. 귀 학교의 종류는 무엇입니까?
_____ ① 종교계 사립학교(미션스쿨)　　_____ ② 특성화학교, 인가 대안학교
_____ ③ 미인가 대안학교　　_____ ④ 일반 공사립학교

5. 귀 학교는 언제 설립되었습니까?　　_____ 년 설립

6. 귀 학교의 소속교단은 있습니까?
_____ ① 예(교단명 :　　　) 　　　　_____ ② 아니오

7. 귀 학교의 교장의 교회 직분은?
_____ ① 목사　　_____ ② 장로　　_____ ③ 안수집사
_____ ④ 권사　　_____ ⑤ 서리집사　　_____ ⑥ 성도
_____ ⑦ 교인이 아님　　_____ ⑧기타(　　　)

8. 귀 학교의 이사회가 있습니까?
_____ ① 예   _____ ② 아니오

8-1. (8번: 예) 귀 학교의 이사회가 있다면, 이사장의 교회 직분은?
_____ ① 목사   _____ ② 장로   _____ ③ 안수집사
_____ ④ 권사   _____ ⑤ 서리집사   _____ ⑥ 성도
_____ ⑦ 교인이 아님   _____ ⑧기타(   )

◆ 다음은 '교회-학교 연계'실태에 관한 질문입니다. 해당하는 곳에 V 표 해주십시오.

9. 귀 학교는 교회(교단)가 설립한 학교입니까?
_____ ① 예   _____ ② 아니오

10. 귀 학교를 교회의 주일예배 장소로 제공합니까?
_____ ① 예   _____ ② 아니오

11. 귀 학교는 별도의 건물 없이 주중에 교회 시설을 사용하고 있습니까?
_____ ① 예   _____ ② 아니오

12. 귀 학교는 교회로부터 지원을 받습니까?
_____ ① 예   _____ ② 아니오

13. 귀 학교는 지역 교회의 교회학교(주일학교 : 중고등부)와 연계 활동을 하고 있습니까?
_____ ① 예   _____ ② 아니오

14. 귀 학교 법인정관상 규정에 다음과 같은 것들이 있습니까? 해당되는 것을 모두 체크하시오.
① 교회(교단) 또는 노회에서 이사 파송을 한다.
② 교회(교단) 또는 노회에서 이사 선임 인준 혹은 추천을 한다.
③ 정관 변경 시 교회(교단) 또는 노회의 인준을 거친다.
④ 교회(교단) 또는 노회에 정기적으로 학사 보고를 한다.
⑤ 교회(교단) 또는 노회에 정기적으로 재정 지원을 받는다.
⑥ 해당사항 없다.
⑦ 기타 :

14-1. 교회(또는 교단, 노회)에서 이사 파송을 한다면 그 인원은 몇 명입니까?
_____ 명 (전체의   %)
14-2. 교회(또는 교단, 노회)에서 이사 선임 인준 혹은 추천을 한다면 그 인원은
몇 명입니까? _____ 명 (전체의   %)

15. 다음 교직원의 임용에 대해 귀 학교와 연계된 교회가 관여하는지의 여부를 표시
하여 주십시오. 관여한다면 해당 교직원에 모두 V 표 하여 주십시오.(복수응답 가능)
_____ ① 교장　　　　　_____ ② 교목　　　　　_____ ③ 행정실장
_____ ④ 교사　　　　　_____ ⑤ 관여 안 함

15-1. 귀 학교는 각 교직원의 임용 방식에 대해 다음 질문에 답하시오.

	임기직입니까?	임기직이라면 어느 형태입니까
교장	___ ① 예　___ ② 아니오	___ ① 단임 ___ ② 중임 ___ ③ 연임
교목	___ ① 예　___ ② 아니오	___ ① 단임 ___ ② 중임 ___ ③ 연임
행정실장	___ ① 예　___ ② 아니오	___ ① 단임 ___ ② 중임 ___ ③ 연임

15-2. 학교 교사 임용은 어떻게 결정됩니까?
_____ ① 학교 내부에서 전적으로 결정한다.
_____ ② 학교(교장)가 결정해 교회 또는 이사회에 보고한다.
_____ ③ 학교(교장)에서 2~3배수 추천해 이사회에서 결정한다.
_____ ④ 기타(_____)

16. 귀 학교는 연계된 교회와의 의사소통 방법이 있습니까? 있다면 어떤 형태로
되어 있습니까?

	다음 회의가 존재합니까?	정기적으로 실시합니까?
이사회	___ ① 예 ___ ② 아니오	___ ① 매 주　___ ② 매 월　___ ③ 매 분기 ___ ④ 매 학기　___ ⑤ 매 년
대표자회의	___ ① 예 ___ ② 아니오	___ ① 매 주　___ ② 매 월　___ ③ 매 분기 ___ ④ 매 학기　___ ⑤ 매 년
실무자 회의	___ ① 예 ___ ② 아니오	___ ① 매 주　___ ② 매 월　___ ③ 매 분기 ___ ④ 매 학기　___ ⑤ 매 년

17. 귀 학교와 연계된 교회와 직접 연관된 수업/활동이 있습니까? (교회 파송 교목, 교사, 자원봉사자 등)

	교육 프로그램이 있습니까?	있다면, 수업/활동 내용을 간단히 적어 주시기 바랍니다.
정규 교육과정	_____ ① 있다　　_____ ② 없다	(예 : 교회 여전도회 집사들이 '상담' 시간에 학생들과 1:1 상담을 해줌.)
비정규 교육과정	_____ ① 있다　　_____ ② 없다	

18. 귀 학교와 연계된 교회가 학교의 교육 성과를 평가하는 통로에는 어떤 것들이 있습니까?(복수응답 가능)
_____ ① 이사회에 학사 보고를 통해　　_____ ② 정기회의에 보고를 통해
_____ ③ 학교 평가 시스템을 통해　　_____ ④ 정기적 자체평가를 통해
_____ ⑤ 학교 구성원 평판을 통해　　_____ ⑥ 주변 평판을 통해
_____ ⑦ 교회 교인들의 평판을 통해　　_____ ⑧ 학부모 또는 학생들의 평판을 통해
_____ ⑨ 평가하지 않는다
_____ ⑩ 기타 (_____

19. 귀 학교가 교회와 잘 연계되어 있다고 생각합니까?
_____ ① 매우 그렇다　　_____ ② 그렇다　　_____ ③ 보통이다
_____ ④ 그렇지 않다　　_____ ⑤ 매우 그렇지 않다

20. 귀 학교는 교회와 어떤 방식으로 연계되어 있습니까? 해당되는 것에 모두 표시하십시오.

_____ 1)학교의 설립 정신을 유지하고자 교회에서 이사 교육을 실시한다.
_____ 2) 학교의 설립 정신을 유지하고자 교회에서 교사 교육을 실시한다.
_____ 3) 학교의 학교교육과정 수립에 교회가 관여한다.
_____ 4) 학교는 학교를 주일예배장소로 사용하는 교회에 주중에도 학교 시설을 제공한다.
_____ 5) 학교는 교회를 채플장소로 활용한다.
_____ 6) 학교는 교회의 일부 시설을 주중에 활용한다.
_____ 7) 학교의 건물을 교회가 건축해 주었다.
_____ 8) 학교 시설·보수를 교회에서 지원한다.
_____ 9) 학교의 운영 및 재정을 교회에서 총괄한다.
_____ 10) 학교는 교회로부터 운영비를 지원받는다.
_____ 11) 학교는 교회로부터 장학금을 지원받는다.
_____ 12) 학교는 교회로부터 학생의 급식비, 간식비를 보조받는다.
_____ 13) 학교 학생의 주 모집대상은 연계 교회 교인 자녀, 교회학교 학생이다.
_____ 14) 학교는 교회로부터 교사 복지를 지원받는다.
_____ 15) 학교의 교목을 교회에서 파송받았다.
_____ 16) 학교의 신앙교육(교목실)과 관련하여 교회에서 재정 지원을 받는다.
_____ 17) 학교는 교회로부터 학교 학생의 성경, 찬송을 제공받는다.
_____ 18) 학교는 교회로부터 학교 학생의 종교교과서를 제공받는다.
_____ 19) 학교예배 시 연계 교회 목사님이 지속적으로 혹은 정기적으로 말씀을 전한다.
_____ 20) 학교는 교회로부터 학교 절기행사를 지원받는다.
_____ 21) 학교예배 시 교회에서 문화공연 등을 지원한다.
_____ 22) 학교 행사(입학식, 졸업식 등)에 연계교회에서 참여한다.
_____ 23) 학교의 기독동아리(CA)를 교회가 돕고 있다.
_____ 24) 학교에서 연계 교회 교인들이 자원봉사(재능기부)를 한다.
_____ 25) 학교로 연계 교회 교인들이 찾아와 전도 프로그램을 실시한다.
_____ 26) 학교는 전도된 학생들을 연계교회의 교회학교로 보낸다.
_____ 27) 학교는 전도된 학생들을 지역교회의 교회학교로 보낸다.
_____ 28) 연계교회는 학교와 지역 교회의 연계를 돕는다.
_____ 29) 학교는 교회와 예배 이외의 연계해 진행하는 프로그램이 있다.
_____ 30) 기타 : _____

21. 20번을 참고하셔서서 귀 학교과 연계된 교회명 또는 노회명을 기록하고, 연계 형태, 연계도, 연계 기간, 상세 연계 내용을 작성해 주시기 바랍니다.
(주 후원교회를 제일 위에 작성하여 주시고, 지원받고 있는 교회를 빠짐없이 기록하여 주세요.)

1	교회명/노회명 (교단명)	(교단 :)									
	연계형태 (복수응답 가능)	____ ① 설립 ____ ② 지원 ____ ③ 예배공간으로 학교 사용									
	연계도	(낮다)									(높다)
		①	②	③	④	⑤	⑥	⑦	⑧	⑨	⑩
	연계 기간	언제부터 연계되기 시작하였습니까?									
	상세 연계 내용	(지원 내역, 이사 파송, 교목 파송, 협력 프로그램 등)									
2	교회명/노회명 (교단명)	(교단 :)									
	연계형태 (복수응답 가능)	____ ① 설립 ____ ② 지원 ____ ③ 예배 공간으로 학교 사용									
	연계도	(낮다)									(높다)
		①	②	③	④	⑤	⑥	⑦	⑧	⑨	⑩
	연계기간	언제부터 연계되기 시작하였습니까?									
	상세 연계 내용	(지원 내역, 이사 파송, 교목 파송, 협력 프로그램 등)									
3	교회명/노회명 (교단명)	(교단 :)									
	연계형태 (복수응답 가능)	____ ① 설립 ____ ② 지원 ____ ③ 예배 공간으로 학교 사용									
	연계도	(낮다)									(높다)
		①	②	③	④	⑤	⑥	⑦	⑧	⑨	⑩
	연계기간	언제부터 연계되기 시작하였습니까?									
	상세 연계 내용	(지원 내역, 이사 파송, 교목 파송, 협력 프로그램 등)									

<u>수고하셨습니다. 본 설문에 응답하여 주셔서 다시 한 번 감사드립니다.</u>

부록 3 학교-교회 연계 의식조사 설문지

학교-교회 연계 의식조사 설문지 (학교용)

안녕하십니까?

기독교학교교육연구소입니다. 본 연구소는 올해의 학술대회 주제를 "학교와 교회의 바람직한 연계방안"로 정하고 연구를 수행하고 있습니다. 이 연구의 한 과정으로 '학교-교회 연계' 의식에 대한 설문조사를 실시하고자 합니다.

본 설문에 응답하여 주신 내용은 향후 '학교-교회 연계'의 발전 방향을 모색하는데 귀중한 자료로 사용될 것이며, 설문의 결과는 연구 목적 이외에는 사용되지 않을 것을 약속드립니다. 여러분의 적극적인 협조를 부탁드립니다. 바쁘신 중에도 본 연구에 참여해 주셔서 감사드리며, 귀하의 고견을 소중히 사용하겠습니다.

2012년 9월

기독교학교교육연구소 소장 박상진 드림

◆ 문의처

- 본 조사와 관련하여 문의하실 사항이 있으시면 아래로 연락주시기를 바랍니다.

☎ 기독교학교교육연구소 김지현 연구원 (02) 6458-3456

◆ 다음은 학교-교회 연계의 중요도와 만족도에 대한 질문입니다. 해당하는 곳에 V표 해주십시오.

문항	① 전혀 그렇지 않다	② 그렇지 않다	③ 보통 이다	④ 그렇다	⑤ 매우 그렇다
1-1) 다음세대 교육을 위해 학교와 교회 연계는 필요하다.	①	②	③	④	⑤
1-2) 기독교학교교육은 교회의 본질적인 사명 중 하나이다.	①	②	③	④	⑤
1-3) 기독교학교와 교회는 긴밀하게 협력해야 한다.	①	②	③	④	⑤
1-4) 기독교학교와 교회는 서로에게 필요하다.	①	②	③	④	⑤
2-1) 현재 학교와 교회의 관계는 만족스럽다.	①	②	③	④	⑤
2-2) 현재 학교와 교회는 긴밀하게 협력하고 있다.	①	②	③	④	⑤
2-3) 현재 학교-교회 연계가 교회에 큰 도움이 되고 있다.	①	②	③	④	⑤
2-4) 현재 학교-교회 연계가 학교에 큰 도움이 되고 있다	①	②	③	④	⑤
2-5) 앞으로 학교와 교회가 더 협력하기를 희망한다.	①	②	③	④	⑤

◆ 다음은 학교-교회 연계 인식에 관한 질문입니다. 해당하는 곳에 V표 해주십시오.

문항	① 전혀 그렇지 않다	② 그렇지 않다	③ 보통 이다	④ 그렇다	⑤ 매우 그렇다
3-1) 교회가 기독교학교에 많은 관심을 갖고 있다.	①	②	③	④	⑤
3-2) 교회가 기독교학교의 기독교적 교육 철학을 세우는 데 도움이 된다.	①	②	③	④	⑤
3-3) 교회가 기독교학교를 충분히 지원하고 있다.	①	②	③	④	⑤
3-4) 교회의 재정 지원이 학교에 큰 힘이 된다.	①	②	③	④	⑤
3-5) 교회가 학교의 시설에 대해 잘 지원하고 있다.	①	②	③	④	⑤
3-6) 교회가 신앙교육(교목실)에 대해 잘 지원하고 있다.	①	②	③	④	⑤
3-7) 교회가 학생을 잘 지원하고 있다.	①	②	③	④	⑤
3-8) 교회가 교사를 잘 지원하고 있다.	①	②	③	④	⑤
3-9) 교회 교인들의 재능기부가 학교에 도움이 된다.	①	②	③	④	⑤
3-10) 교회가 기독교학교 관련 정책 개선에 도움이 되고 있다.	①	②	③	④	⑤
3-11) 학교와 교회는 의사소통이 원활히 되고 있다.	①	②	③	④	⑤
3-12) 교회의 지원은 학교에게 큰 힘이 되고 있다.	①	②	③	④	⑤

3-13) 학교-교회 연계는 불편하지만 이를 감수할 만한 가치가 있다.	①	②	③	④	⑤
3-14) 학교/교회에서 장소 사용 후, 정리정돈이 잘 안 된다.	①	②	③	④	⑤
3-15) 학교/교회와 함께 시설을 사용하는 데 불편함을 느낀다.	①	②	③	④	⑤
3-16) 학교/교회 간에 주차 문제로 인한 어려움이 있다.	①	②	③	④	⑤
3-17) 학교/교회 간에 기자재 사용 문제로 어려움이 있다.	①	②	③	④	⑤
3-18) 학교/교회 간에 서로를 배려하는 마음이 부족하다.	①	②	③	④	⑤
3-19) 학교/교회 간의 문제에 대한 개선이 잘 되지 않는다.	①	②	③	④	⑤
3-20) 학교/교회 간의 독립성이 잘 유지되지 못하고 있다.	①	②	③	④	⑤
3-21) 교회에서 부담하는 전입금이 부족하다고 느낀다.	①	②	③	④	⑤
3-22) 학교를 예배장소로 사용하는 교회의 재정 지원은 장소 사용료일 뿐이다.	①	②	③	④	⑤
4-1) 지역교회들은 기독교학교에 많은 관심을 갖고 있다.	①	②	③	④	⑤
4-2) 지역교회들은 기독교학교를 충분히 지원하고 있다.	①	②	③	④	⑤
4-3) 지역교회들은 기독교학교와 효과적으로 연계되어 있다.	①	②	③	④	⑤
4-4) 지역교회들의 기독교학교 지원은 큰 힘이 되고 있다.	①	②	③	④	⑤
5-1) 한국교회는 기독교학교에 많은 관심을 갖고 있다.	①	②	③	④	⑤
5-2) 한국교회는 기독교학교를 충분히 지원하고 있다.	①	②	③	④	⑤
5-3) 한국교회는 기독교학교와 효과적으로 연계되어 있다.	①	②	③	④	⑤
5-4) 한국교회의 기독교학교 지원은 기독교학교에 큰 힘이 되고 있다.	①	②	③	④	⑤

◈ 다음은 학교-교회 연계 강화에 대한 질문입니다. 해당하는 곳에 V표 해 주십시오.

6. 귀하는 학교와 교회가 왜 연계되어야 한다고 생각합니까? 다음 보기를 읽고 1, 2, 3순위를 순서대로 적어 주시기 바랍니다.

1순위 ____   2순위 ____   3순위 ____

① 학원선교는 교회 사명 중 하나이기 때문이다.
② 다음세대 교육은 교회 사명 중 하나이기 때문이다.
③ 기독교 인재 양성은 교회 사명 중 하나이기 때문이다.
④ 교회로부터 학원선교의 지원을 받을 수 있다.
⑤ 학생 신앙 성장과 정착에 학교와 교회 협력이 필요하기 때문이다.
⑥ 학생의 전인적 성장을 위해 학교와 교회 협력이 필요하기 때문이다.
⑦ 시설을 서로 유용하게 활용할 수 있기 때문이다.
　(교회는 별도의 건축을 하지 않아도 된다/주중에 빈 교회 공간을 활용할 수 있다)
⑧ 한국 기독교학교의 발전을 위해서이다.
⑨ 한국교회의 발전을 위해서이다.　　　　　⑩ 기타 : _____

7. 학교-교회가 더 긴밀한 연계를 맺기 위해 교회는 어떤 노력을 더 할 수 있습니까? 다음 보기를 읽고 1, 2, 3순위를 순서대로 적어 주시기 바랍니다.

1순위 ＿＿＿   2순위 ＿＿＿   3순위 ＿＿＿

① 학교 시설 확충에 대한 재정 지원　　② 학생에 대한 재정 지원
③ 교사에 대한 재정 지원　　④ 신앙교육(교목실)에 대한 재정 지원
⑤ 학생들에게 성경, 찬송 제공　　⑥ 학생들에게 종교교과서 제공
⑦ 교목실로 교역자 파송　　⑧ 신앙교육 연계(교회교육프로그램 활용)
⑨ 수업이나 특별활동 연계　　⑩ 자원봉사자(재능기부자) 파송
⑪ 학교에 교회 시설 개방　　⑫ 학교와 기꺼이 협력하는 태도
⑬ 의사소통 통로 마련　　⑭ 기독교학교 정체성 유지를 위한 이사, 교직원 교육
⑮ 학교의 안정성 확보(법적 지위, 교사, 학생)
⑯ 학교의 독립성 확보　　⑰ 기독교학교 관련 정책 개선을 위한 노력
⑱ 1교회 1학교 자매결연　　기타 : ＿＿＿＿＿＿＿＿＿＿＿＿

8. 학교-교회가 더 긴밀한 연계를 맺기 위해 학교는 어떤 노력을 더 할 수 있습니까? 다음 보기를 읽고 1, 2, 3순위를 순서대로 적어 주시기 바랍니다.

1순위 ＿＿＿   2순위 ＿＿＿   3순위 ＿＿＿

① 교회와 학교예배 연계　　② 학교 교목이 교회 교역자로 사역
③ 학교 교사가 교회학교 교사로 사역　　④ 학교 학생을 교회로 전도
⑤ 학교예배에 연계교회 목사님 초청　　⑥ 신앙교육 연계
⑦ 수업/특별활동 연계　　⑧ 교회에 학교 시설 제공
⑨ 교회와 기꺼이 협력하려는 태도　　⑩ 의사소통 통로 마련
⑪ 기독교학교 정체성을 유지하려는 노력　　⑫ 교회와 꾸준한 기독교학교 비전 공유
⑬ 1교회 1학교 자매결연　　⑭ 지역교회와 긴밀한 연계
⑮ 학교의 안정성 확보(법적 지위, 교사, 학생)　　기타 : ＿＿＿＿＿＿＿＿＿＿＿

9. 학교-교회가 더 긴밀한 연계를 맺는데 장애요인은 무엇이 있습니까? 다음 보기를 읽고 1, 2, 3순위를 순서대로 적어 주시기 바랍니다.

1순위 ＿＿＿   2순위 ＿＿＿   3순위 ＿＿＿

① 비전이 공유되지 않았다.　　② 초기 정신이 변질되었다.
③ 기관이기주의가 있다.　　④ 학교-교회 연계 필요성을 느끼지 못한다.
⑤ 재정 지원이 미비하다/재정 지원이 부담된다.
⑥ 서로 기관의 특성을 고려하지 않는다.　　⑦ 공간 사용에 대한 효율성이 떨어진다.
⑧ 구성원이 불편함을 토로한다.　　⑨ 의사소통이 부족하다.
⑩ 연계 담당부서가 불분명하고 정착되지 않았다.　　⑪ 학교-교회 연계에 대한 메뉴얼이 없다.
⑫ 서로의 독립성이 확보되지 않았다.　　기타 : ＿＿＿＿＿＿＿＿＿＿

10. 귀하는 본 학교의 중요한 교육성과는 무엇이라고 보십니까? 다음 보기를 읽고 1, 2, 3순위를 순서대로 적어 주시기 바랍니다.

1순위 ____   2순위 ____   3순위 ____

---

① 그리스도인 배출   ② 기독교적 교육 문화 조성
③ 사회에서 명문학교로서 인정   ④ 학생, 교사, 학부모의 높은 만족도
⑤ 학교 구성원의 기독교 공동체 형성   ⑥ 학교 설립 정신을 담은 교육과정
⑦ 지덕체가 고루 발전할 수 있는 교육과정   ⑧ 우수한 상위학교 진학
⑨ 학생을 성장시킬 수 있는 질 높은 수업   ⑩ 학생 개개인의 재능 발견 및 개발
⑪ 일반학교에서 감당하기 어려운 학생을 감당   ⑫ 학생들의 전인적 치유
⑬ 학교 설립 정신을 이어갈 수 있는 졸업생 배출   ⑭ 기독교 세계관을 가진 졸업생 배출
⑮ 건강한 민주시민 배출   ⑯ 사회에 꼭 필요한 우수한 리더 배출
⑰ 세계화 시대 국제적 감각을 가진 선교 일꾼 배출   기타 : _____

◈ 다음은 응답자 일반적인 사항에 대한 질문입니다. 해당하는 곳에 V표나 답하여 주십시오.

11. 귀하의 성별은?
_____ ① 남자   _____ ② 여자

12. 귀하의 연령은?
_____ ① 20대   _____ ② 30대   _____ ③ 40대   _____ ④ 50대 이상

13. 귀하의 직급은?
_____ ① 교장   _____ ② 교감   _____ ③ 교목
_____ ④ 부장교사   _____ ⑤ 교사

14. 귀하의 본 학교 재직 기간은? _____ 년

15. 귀하의 교직경력은?   _____ 년

수고하셨습니다. 본 설문에 응답하여 주셔서 다시 한 번 감사드립니다.